李喜婷，河南科技出版社总编辑，编审。医学学士、法学学士。

从事编辑工作二十多年。策划编辑图书获得中宣部“五个一工程”奖一项，河南省委宣传部“五个一工程”奖一项，中国图书奖三项，中国出版政府奖提名奖一项，全国优秀科技图书奖一项，省级优秀图书奖十几项，入选“三个一百”原创出版工程两项。

大学毕业30周年纪念，摄于郑州大学（原河南医科大学）教学楼前

- 策划多个项目获得国家出版基金资助、科技部学术著作基金资助，入选“经典中国国际出版工程”、新闻出版改革发展项目库等。
- 策划大中专教材十几套，入选教育部“十二五”规划教材八种。
- 策划编辑大型文化普及图书《中原文化记忆丛书》（十八种）、《记忆中原》融媒体版。
- 发表论文十七篇；主编图书两部。承担省级科研课题三项。
- 获得第五届全国优秀中青年编辑、河南省第三批“四个一批”人才、河南省国有企业拔尖人才、河南省专业技术学术带头人、河南省十佳出版工作者、河南省版权管理先进个人等荣誉称号。

《玉米人》

获得中宣部“五个一工程”奖

《全胸腔镜下支气管成形肺叶切除术》

获得第四届中国出版政府奖提名奖

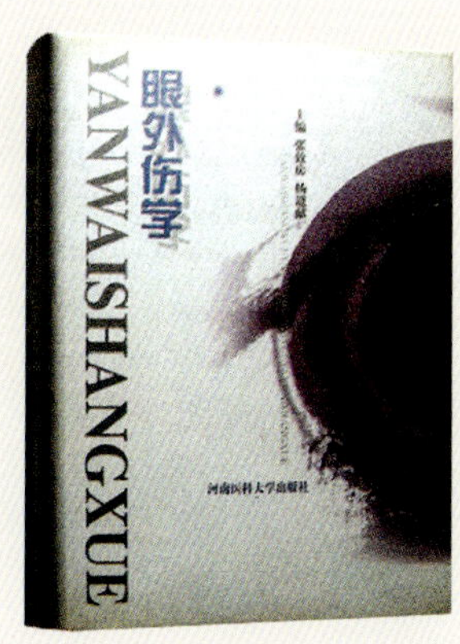

《眼外伤学》
获得第十一届中国图书奖

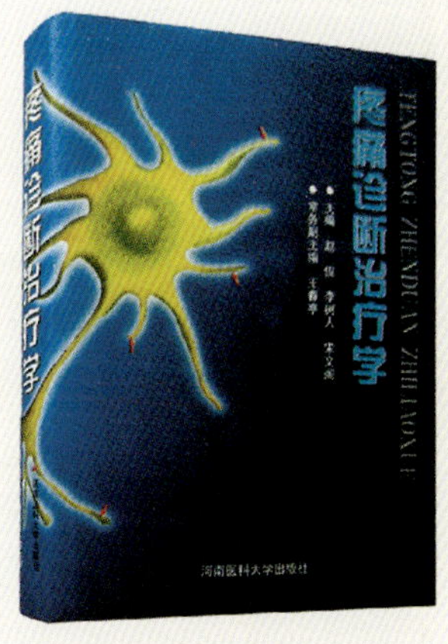

《疼痛诊断治疗学》
获得第十二届中国图书奖

获得省部级优秀图书奖的图书

《小儿内科学》

获得第十四届中国图书奖

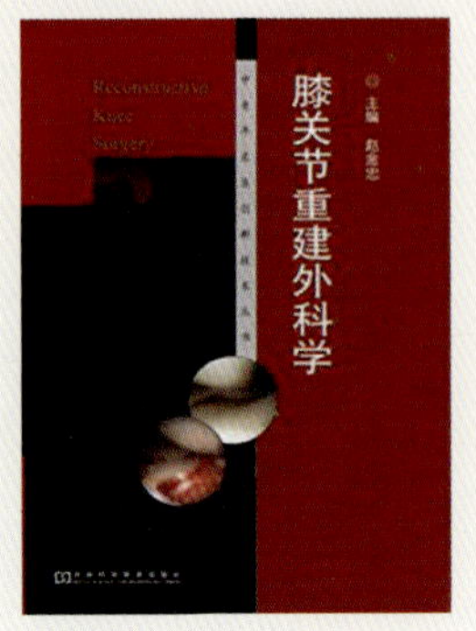

《膝关节重建外科学》

入选第二届“三个一百”原创出版工程

《现代呼吸道管理学》

获得第十一届全国优秀科技图书三等奖

获得省部级优秀图书奖的图书

网络环境下的著作权保护

李喜婷　主编

中原出版传媒集团
中原传媒股份公司

大象出版社
·郑州·

图书在版编目(CIP)数据

网络环境下的著作权保护 / 李喜婷主编.— 郑州 :
大象出版社, 2019. 12
ISBN 978-7-5347-9573-2

Ⅰ. ①网… Ⅱ. ①李… Ⅲ. ①互联网络-应用-著作
权法-研究-中国 Ⅳ. ①D923. 414-39

中国版本图书馆 CIP 数据核字(2017)第 288163 号

网络环境下的著作权保护

WANGLUO HUANJING XIA DE ZHUZUOQUAN BAOHU

李喜婷 主编

出 版 人 王刘纯
责任编辑 徐淯琪
责任校对 裴红燕 毛 路
封面设计 王莉娟

出版发行 大象出版社(郑州市郑东新区祥盛街 27 号 邮政编码 450016)
发行科 0371-63863551 总编室 0371-65597936
网 址 www.daxiang.cn
印 刷 河南博雅彩印有限公司
经 销 各地新华书店经销
开 本 720 mm×1020 mm 1/16
印 张 15.75
字 数 175 千字
版 次 2019 年 12 月第 1 版 2019 年 12 月第 1 次印刷
定 价 65.00 元

印厂地址 郑州市金水区杨金产业园马林西路 4 号
邮政编码 450000 电话 0371-65867366 65867399

编写委员会

丁　一　李喜婷　任红朴　王丽娇　陈　媛

赵尚理　高雅静　唐　昂

前　言

随着网络技术的发展，网络用户急速增加，根据腾讯发布的官方数据，2017 年微信用户达 9.36 亿。基于移动互联网的普及与微信功能的强化，自媒体兴起，网上作品的发布数量与使用数量也呈爆发式增长。

这无疑极大地繁荣了文化创作，方便了大众阅读与传播，但也给网络著作权侵权打开方便之门。

网络著作权侵权是传统著作权侵权在网络媒介中的延伸。但在维权方面，关于网络著作权保护的立法工作落后于网络的发展，有些侵权现象的定性与处罚没有明确的法律依据，比如微信传播中的著作权侵权问题就没有法律条文规定，加之网络用户数量巨大、侵权事件发生快、侵权事件小而多、搜集证据困难，以及著作权人的法律意识淡薄、维权困难、维权收益微薄等情况，都给打击网络侵犯著作权的工作造成种种困难，网络著作权保护任务就变得异常艰巨。

如果不深入研究网络环境下的著作权保护，提高网络环境下著作权保护的强度与广度，长此以往，一定会损害作者的积极性，损害文化发展的秩序，损害文化事业与文化产业的发展，所以，研究网络环境下的著作权保护意义重大。作为一名出版工作者，面对数字出版的大潮，思考网络环境下的著作权保护问题，学习并利用相关法律知识有力地保护著作权,同时避免在无知状态下的侵权行为发生,具有迫切性与必要性。

网络环境下著作权保护问题极其复杂,又因作者能力有限,无法进行全面的研究,所以,基于以上认识,从工作实际出发,选择现实中网络环境下的著作权保护部分问题进行研究,主要有以下七个方面:微信著作权保护、网页著作权保护、网络环境下孤儿作品著作权保护、体育赛事节目转播权的版权保护、数字图书馆版权保护、剪辑发布免费视频的法律责任、从学位论文使用授权书看学位论文的版权问题。

因对这些问题的学习略有心得,以文论之,奉献给读者,也期望广大读者共同为网络环境下的著作权保护工作尽一份力。

由于水平有限,错误之处,敬请读者指正。

编者

2017 年 10 月 7 日

目　录

绪论

微信著作权保护

网页著作权保护

网络环境下孤儿作品著作权保护

体育赛事节目转播权的版权保护

数字图书馆版权保护

剪辑、发布免费视频的法律责任

从学位论文使用授权书看学位论文的版权问题

绪论

一、背景与意义

数字技术特别是互联网技术的迅猛发展，一方面打破作品创作者与传播者的传统分工，有效推动作品在公众之间的自由传播；另一方面使著作权侵权变得极为容易，侵权主体呈现大众化的蔓延趋势，传统著作权法正面临着史无前例的挑战。实务中，出现了众多发人深省、值得探讨的问题，需要理论界运用著作权法的基本理论做出回答，以便实现网络环境下著作权人利益与传播者利益、社会公众利益的平衡。基于这样的考虑，本书从工作和学习生活的实际出发，本着以小见大、从简单到复杂、从浅显到深入的指导思想，选择以下七个问题分别进行探讨：微信著作权保护、网页著作权保护、网络环境下孤儿作品著作权保护、体育赛事节目转播权的版权保护、数字图书馆版权保护、剪辑发布免费视频的法律责任、从学位论文使用授权书看学位论文的版权问题。通过对这七个问题的探讨，说明了以下几方面的意义：第一，现行《中华人民共和国著作权法》（以下简称《著作权法》）应该顺应数字网络技术发展的挑战，进一步修改完善相关条款。第二，保护与著作权有关权益，协调作者、作品使用者和社会公众利益是著作权法的基本原则①，网络环境下仍然应坚持这个基本原则，因此，通过法律的规范，发挥网络技术创作和传播优秀作品的巨大优势，可以克服其侵害他人合法权益的弊端。第三，著作权法的前进方向在于"理论与实践的结合"，只有坚持理论联系实际，才能够制

① 参见冯晓青：《著作权法》，法律出版法，2010 年，第 29 页。

定出良法。

二、研究现状

（一）微信著作权保护的问题

微信自 2011 年一经出现即以它的便捷性、即时性、共享性等优势，迅速走进大众生活，成为目前智能手机上应用最广泛的通信软件之一。随之而来的微信内容的违法侵权问题大量发生。国家从意识形态安全方面，从维护社会秩序方面，出台了一些规定。比如最高人民法院与最高人民检察院于 2013 年 9 月出台的司法解释，明确了利用信息网络实施诽谤行为的入罪标准，其中，“同一诽谤信息实际被点击、浏览次数达到五千次以上，或者被转发次数达到五百次以上的”被认为“情节严重”。再比如国家互联网信息办公室于 2017 年 9 月 7 日发布《互联网群组信息服务管理规定》，就网络群组的行为与责任给予明确。但就著作权侵权方面，还未通过立法程序出台法律条文。在微信功能极其发达的情况下，著作权侵权问题越来越严重。其违法成本极低，举证难度极大，使得微信公众平台中的著作权保护困难重重。理论界对这一问题虽有关注，但综观现有研究成果可知，我国微信著作权研究处于起始阶段，主要是在微信行政监管和微信著作权侵权认定两个方面，其中尚有许多问题值得研究：一是相关领域的理论研究缺乏，如微信公众平台著作权的侵权认定、救济路径等方面虽然也有专家学者提出了一些建议，但均未继续进行深入的研究；二是司法实践没有相应具体明确的法律法规可以适用，《著作权法》的滞后性是众所周知的，加之微信公众平台较强的隐蔽性与私密性，使案件审理更加困难。在此情况下，许多人在被侵权后进行维权也是有心无力，无可奈何。

微信软件平台是中国的发明，数亿的用户都是中国公民，又是近几年发展起来的，所以，国外的研究甚少。本文试对该领域进行深入系统的探讨。

（二）网页著作权的保护问题

在信息技术时代环境下，网页层出不穷，网页版式设计和内容编排等是否构成作品，受著作权法的保护？《著作权法》目前并没有将网页作为作品的分类进行明确的规定，而《著作权法》（修改草案送审稿）既没有规定网页的法律属性，也没有将网页作为作品的表现形式进行规定。实务中，网页"类似"的纠纷不断发生，成为著作权侵权领域的一个重要组成部分。审判实务中，也存在肯定和否定完全相反的判决结论①，与之相应，理论界也存在着肯定和否定两种不同的看法。基于上述情况，本书从网页本身的构成出发，研究网页存在的各种著作权问题：网页是否构成著作权法所称的作品？如果构成作品，构成哪一类作品？权利主体是谁？与传统作品相比，网页受著作权保护的范围是否更大？在网页侵权案件中，判定网页侵权的标准有哪些？……对这些问题进行深入细致的探讨，可为被侵权人寻求保护、为法院正确适用法律、为立法的完善，提供有益的参考。

---

① 瑞得（集团）公司诉宜宾市翠屏区东方信息服务有限公司侵害著作权案，参见北京市海淀区人民法院民事判决书（1999）海知初字第21号；青岛网星电子商务有限公司诉青岛英网资讯技术有限公司网页著作权纠纷案。

（三）网络环境下孤儿作品著作权保护的问题

在现实环境中，孤儿作品著作权保护问题是一个一直存在但并没有引起理论界和政府相关部门重视的问题。著作权自动保护原则是孤儿作品产生的根本原因，保护期限的延长加深了孤儿作品著作权问题，数字网络的发展，网络传播的普及性及扩张性，更加剧和扩大了孤儿作品著作权保护问题，为此，各国政府相关部门和研究机构纷纷展开了对孤儿作品著作权问题的讨论，并进行了一系列的立法工作。在《著作权法》修订之际，我国理论界对孤儿作品的成因，及其著作权保护条件、保护措施、保护的限制和国外保护经验等问题，也展开了广泛的讨论，形成了一系列较为成熟的研究成果，这些研究成果也被吸收到《著作权法》修改稿中。但是，审视《著作权法》修改稿的相关规定，可以看出，在保护模式和具体保护条件等有关问题上仍存在着值得探讨的问题。基于此，本书收录的这篇论文展开了论证。

（四）体育赛事节目转播权的版权保护问题

对体育赛事节目转播权问题的研究，缘起于两个相似案件不同判决的案例。2010 年，在央视国际网络公司诉世纪龙公司侵权案中，法院认定，央视国际所播放的体育赛事节目构成录音录像制品，世纪龙公司未经许可实时播放央视体育赛事节目，侵犯了央视国际作为录音录像制作者的信息网络传播权。① 但 2014 年，在新浪网诉凤凰网非法转播中超联赛纠纷案中，新浪网经合法授权，在其运营的新浪

① 参见广东省广州市中级人民法院民事判决书（2010）穗中法民三初字第 196 号。

网独家播放中超联赛视频,凤凰网未经授权非法转播中超联赛视频,法院一审认定,新浪网对赛事录制形成的画面,具备独创性,构成著作权法所称的作品,凤凰网转播中超赛事的行为,侵犯了新浪网对赛事画面作品享有的著作权。① 二审法院则认定体育赛事网络直播行为缺乏电影作品所需求的固定性与独创性高度,不构成作品,将网络直播行为纳入广播组织权的范围是当下可行的救济渠道。② 学术界对体育赛事节目的性质进行了广泛深入的讨论,形成了体育赛事节目转播权著作权与邻接权保护的两大分歧,争议的焦点在于体育赛事节目的独创性标准是否符合作品构成的独创性标准。对此,本书收录的这篇论文经过全面、深入和系统的分析,提出了体育赛事节目转播权属于邻接权中广播组织权的观点。

(五)数字图书馆版权保护问题

图书馆领域的数字版权冲突已经成为制约图书馆事业现代化进程最大的法律障碍,而数字图书馆版权保护问题关乎国家经济社会的发展以及科学文化事业的繁荣,因而受到许多国家政府、图书馆界、法学界、信息产业界和公众的普遍重视。为此,美国颁布了《千年数字化版权法》,欧盟颁布了《数据库保护指令》,为数字图书馆的版权保护提供了法律依据。我国适用于数字图书馆版权保护的法律主要是《著作权法》《反不正当竞争法》《著作权法实施条例》《计算机软件保护条例》《信息网络传播权保护条例》等,加上《最高人民法院关于审理涉及计算机网络著作权纠纷案件适用法律若干问题的解释》《最高人民法院关于审理著作权民事

① 参见北京市朝阳区人民法院民事判决书(2014)朝民(知)初字第40334号。

② 参见北京知识产权法院民事判决书(2015)京知民终字第1818号。

纠纷案件适用法律若干问题的解释》《关于办理侵犯知识产权刑事案件适用法律若干问题的意见》等相关司法解释，基本上涉及数字图书馆版权保护的各个方面。但这些可以适用的法条都十分零散，必然会导致司法效率的低下，而且可能会影响司法的公正。为此，我国理论界对数字图书馆版权保护的相关立法问题进行了深入系统的探讨。在此次《著作权法》修订之际，本书也对此问题进行了探讨。

（六）剪辑、发布免费视频的法律责任问题

数字网络技术的飞速发展，给广大公众提供了利用他人发布的信息或作品的各种便利条件。人们可以利用互联网强大的复制功能在未经权利人许可的情况下，对任意一种信息或作品的片段直接进行复制、改编或演绎，并再次发布、分享或营利。那么，网络中可以免费观看的视频是否能够被剪辑、被无限制地分享利用？免费视频是否可以不经著作权人许可，任意剪辑加工，在二次创作后再免费分享甚至是商业化利用？显然，这涉及一系列的著作权相关问题。对此，现有的研究成果大多局限于“讽刺模仿”，对不属于“讽刺模仿”的剪辑发布行为性质的探讨，研究成果并不多见。对此，本书以分析剪辑、发布免费视频行为的属性为切入点，从著作权法合理使用和法定许可的角度，对免费视频的剪辑、发布行为进行界定，并对其应承担的法律责任进行探讨。

（七）从学位论文使用授权书看学位论文的版权问题

学位论文是学生在老师的指导下完成的毕业论文。一般地说，学位论文选题相对新颖，具有一定的理论意义和实践意义，对于科学研究也具有一定的参考价值。为此，各高等学校通过与作者签署学位论文

使用授权书的形式，明确学位论文的版权归属和版权行使等相关问题，并通过数字网络技术进行网上传播。然而，由于各高校对于学位论文的版权归属存在着不同的认识，致使各高校学位论文授权书中对于论文版权归属、许可使用说明以及转授权条件的规定存在较大差异，大部分高校存在着对学位论文版权归属有“行政管理性质”、许可使用说明不完善、转授权条款不明确等问题。但由于学位论文的特殊性，这个问题并没有引起学者们的关注。作者查阅了近三十所高校的学位论文使用授权书，运用版权法的基本理论，对各高校的学位论文授权书中的相关问题进行了分析，并提出了自己的看法，期望对于保护作者权利、改进各高校学位论文使用授权书，有一定的借鉴作用。

三、本书研究的主要内容和研究方法

（一）主要研究内容

第一，微信著作权保护研究。首先对微信以及微信提供的主要服务进行了探讨和定性，并对利用微信可能发生的著作权侵权行为进行了归类，在此基础上，从立法、司法、实践等三个方面分析了我国微信著作权存在立法不完善、举证困难、赔偿标准低、缺少微信公众平台著作权集体管理组织等一系列问题。其次，选取了其他国家或地区对类似微信的即时通信软件的相关规定进行对比研究，得到了一些可以借鉴和吸收的经验。最后，针对我国微信著作权保护存在的问题提出了建议。

第二，网页著作权保护研究。首先界定了网页概念、分析了网页的构成、论证了网页著作权保护的合理性，在此基础上，对网页著作权的归属和网页著作权的限制进行了探讨，最后提出了网页著作权保护的建议。

第三，网络环境下孤儿作品著作权保护研究。界定了孤儿作品的概念，分析了孤儿作品产生的原因，并对美国、加拿大和欧盟等国孤儿作品的保护模式进行了比较分析，在此基础上，对我国孤儿作品保护存在的问题进行了探讨，提出了进一步完善的相关建议。

第四，体育赛事节目转播权的版权保护研究。首先对体育赛事节目转播权的概念进行了界定，其次分析了理论界对体育赛事节目转播权法律属性的不同观点，提出了体育赛事节目转播权在邻接权的范围内进行保护的观点，并进一步分析认为，现实中，广播电台、电视台接受赛事组织者的授权对体育赛事录制并播送的行为，符合广播组织权的构成条件，提出了在著作权法确立网络广播在广播组织中地位的观点。

第五，数字图书馆版权保护研究。在界定数字图书馆概念和法律地位的基础上，针对我国数字图书馆版权保护存在的法律法规分散，导致司法效率低下，甚至可能影响司法公正的现状，提出了数字图书馆版权保护的建议。

第六，剪辑、发布免费视频的法律责任研究。首先分析了剪辑、发布免费视频的行为的法律属性，然后运用著作权法合理使用理论和法定许可理论，对免费视频的剪辑和发布行为进行了界定，最后对侵权行为人应承担的法律责任进行了探讨。

第七，从学位论文使用授权书看学位论文的版权问题研究。先是对高校学位论文版权归属问题进行了界定，在此基础上，对各高校学位论文授权书存在的对学位论文版权归属不符合法理、许可使用说明不完善、转授权条款不明确等问题，运用著作权法的基本理论进行了深入、详细的分析，并提出了完善高校学位论文授权书的建议。

（二）主要研究方法

本书所采用的研究方法主要有以下几种：第一，理论分析法。本书主要运用著作权法的基本理论，如作品的构成条件、著作权的合理使用、著作权法定许可、邻接权等理论，对数字网络环境下著作权保护的新变化进行定性分析。第二，案例分析法。本书各篇文章多是从案例分析出发，对涉及的相关问题进行抽丝剥茧式的分析。第三，比较分析法。众所周知，数字网络的影响是全球性和共享性的，因而借鉴和吸收国外相关规定，来完善《著作权法》的相关规定，也是非常必要的。

四、未来展望

虽然数字网络技术的开放性、平等性和全球性使其对著作权法产生了革命性的影响：使人人创作、免费复制成为可能，使数以亿计的网络用户成为主要的作品使用者，使强烈的国家性和地域性变成了天然的无国界性，并对著作权法的基础架构、权利保护模式、权利实现方式等方面都提出了严峻的挑战，但著作权制度的发展历史也表明，历次新技术都为著作权制度的发展和完善创造着新的发展机遇。因此，法律的调整和规制应着眼于市场的发展和需求，在实现不同利益的动态平衡中不断完善。正如著名知识产权学者丹尼尔·J. 吉尔瓦斯（Daniel J. Gervais）所言，著作权法从来就不是水坝，它应该是河流。[①]

---

① Daniel J. Gervais, *Use of Copyright Content on the Internet*: *Considerations on Excludability and Collective Licensing*. In The Public Interest: The Future of Canadian Copyright Law, Michael Geist ed., Chapter 18, p.526, Irwin Law, 2005.

微信著作权保护

进入21世纪以来,伴随着科技的发展,人工智能崛起,无线网络迅速发展,移动互联网通信设备迅速产生并逐渐走向成熟,智能手机和电脑等高科技通信工具的普及促使自媒体迅猛发展,信息交流方式发生了天翻地覆的变化。信息通过网络途径得以高速传播,特别是通过微信等提供即时通信业务的智能平台,信息交流更加便捷,传播速度更加迅猛。微信信息传播具有方便、即时、高效、无限的特点,又能够兼容文字、声音、图片、动画等多媒体。由于微信是新生事物,其自媒体功能强大,但其注册、审批等缺乏全面的法律与监管制度,所以,人们在享受微信所提供的便捷服务的同时,在有意或无意间侵犯他人的著作权,特别是著作权中的数字版权的现象普遍存在。

2014年2月12日,微信公众账号"楚尘文化"推出了一期"爱情专题",其中收录了作家莫言的短篇小说集《白狗秋千架》中的《爱情故事》,但其页面上却并未标明出处。同样被公众账号送上微信的,还有作家白先勇的剧本。此前,公众账号"话剧司令部"将白先勇的剧本《游园惊梦》分两次进行刊载。另外,该公众账号还曾分10次连载了著名剧作家何冀平的名作《天下第一楼》。① 这一系列利用微信公众平台侵犯他人著作权的现象,一是凸显出了作者缺乏保护自己作品著作权的能力,甚至有多位作家公开表示微信公众平台推送自己的作品无形之中扩大了自己的影响力,增加了作品的阅读量,提升了作品的知名度,因此对此类侵权事件表示顺其自然。也有作家表示,从来没想过几千字的文章能值多少钱,从心理上就忽视著作权保护,并且实际中此类侵权案件确实维权成本太高,有时即使胜诉,所

① 《公众账号擅自传播文字作品　微信版权怎么保护?》,《文化舆情》第075期。

得赔偿也不足以弥补诉讼费、律师费、交通费等，所以不予追究。二是凸显出侵权者的法律意识淡薄，未经许可利用微信公众账号随意转载他人文章，使得微信公众账号成为著作权侵权事件的高发领域。三是凸显出网络环境下，特别是移动终端的兴起，给侵犯著作权带来便利性和隐秘性以及危害的广泛性。

网络环境下的信息传播具有其特殊性，对著作权法提出了新的挑战，也造成了冲击。目前《著作权法》并未对微信等即时通信工具所涉及的著作权问题进行专门规定，司法机关也未作专门的司法解释。可以说，在对以微信为代表的移动即时通信领域的著作权保护问题的立法上，我国尚处于空白阶段，对该领域的研究也较少。

首先，本文对微信及其提供的主要服务进行探讨并定性，以此来界定不同情形下可能发生的著作权侵权现象，以及构成侵权的认定标准，将不同情形加以区分。其次，本文对利用微信软件可能发生的侵权现象进行划分归类，并选取一些案例进行探讨研究，从主体角度，进一步明确与微信有关的著作权侵权发生的可能性。再次，本文从立法、司法、实践三个方面分析我国微信著作权保护的现状，目前我国微信公众平台著作权保护存在立法不完善、举证困难、赔偿标准低、缺少微信公众平台著作权集体管理组织等一系列问题。本文选取其他国家或地区对该问题的类似规定，通过对比研究，再结合我国的具体情况，选取一些可以借鉴和吸收的经验。最后，本文针对我国微信著作权保护存在的问题提出完善相关法律法规、提高微信公众平台著作权侵权的赔偿标准、合理分配举证责任、建立微信公众平台著作权集体管理组织、提高公众保护意识等建议，希望在网络环境下，特别是在以微信为代表的即时通信工具迅速普及的情况下，著作权相关立法和制度也能够得到发展，相关权利人的著作权能够得到更好的保护。

一、微信的功能

（一）微信

微信，英文名 WeChat，是腾讯公司于 2011 年 1 月 21 日推出的一个提供即时通信服务的免费应用程序，最初微信只支持即时通信、分享照片等简单功能，使用人数也较少。其后的数年间，腾讯公司持续对微信进行改进升级，加入语音对讲、相册、视频、摇一摇等数十项功能，朋友圈的推出进一步丰富了微信的功能，极大地增强了微信软件的实用性。而微信公众平台的推出，将微信的服务对象由个人扩展到企业等组织，使信息传播更加便捷、高效。腾讯公司 2015 年微信用户数据报告显示，截止到 2015 年第一季度，微信已经覆盖中国 90%以上的智能手机，月活跃用户达到 5.49 亿，用户覆盖 200 多个国家、20 多种语言。此外，各品牌的微信公众账号总数已经超过 800 万个，移动应用对接数量超过 85000 个，微信支付用户则达到 4 亿左右。①

微信的主要功能有以下几项：

1.聊天功能

微信支持跨通信运营商、跨操作系统、跨地区通过移动网络或者互联网快速发送文字、语音、视频、图片等形式的信息，同时支持语音

---

① 参见《2015 微信用户数据报告》。

对讲和视频通话功能,个人用户可以将自己编辑的信息或者通过复制、转发的形式将他人的文字、图片、视频等信息传播给指定的接受者,也可以建立微信群,将相关信息发送给不特定的多数人,同时也可以通过微信朋友圈将信息分享给指定的或者所有的好友,甚至是陌生人。企业用户可以通过微信公众平台向社会公众推送消息,达到传播信息的目的。

2.服务功能

微信的服务功能主要表现在两个方面:一是通过微信公众号为有需要的个人或者企业提供相应的服务,主要是消息的推送功能,会在后文详细论述,在此不再赘述。二是与微信有关的金融服务功能,主要是转账、提现、充值服务。

微信的传播有以下两个特点。

1.信息发布便捷、传播量大且传播迅速

任何注册微信账号的使用者(即微信用户)都可以发送信息,因此,在微信上发布信息非常方便,而且微信上的信息量非常大,同时由于微信群、微信朋友圈、微信公众平台的建立,信息传播得以以几何速度增长,突破了一人对一人的传播限制,实现了一人对多人的传播,加上各种形式的复制、转载,为信息传播提供了更为便利的条件。

2.相对封闭的空间限制和监管不便

任何微信用户都可以通过微信发布信息,但是,并非所有的社会公众都可以接收到他人所发送的信息,只有信息发布者的微信好友或者其指定的微信好友才能看到相应的信息,非信息发布者的微信好友一般无法通过网络途径直接获取其发布的信息,因此在微信上发布信息具有相对封闭的特点。这个特点也导致了监管不便的缺点，在发生侵权的情况下，取证也相当困难，不便于举证和质证。

（二）微信朋友圈

微信朋友圈是 2012 年 4 月 19 日腾讯公司推出微信 4.0 版本时，增加的一个社交功能，微信用户可以通过朋友圈发表文字、图片和小视频，也可以通过直接分享或者发布链接的方式将其他软件上的文章、图片、视频分享到朋友圈。其微信好友可以对发布的照片、文字进行“评论”“点赞”，而且只能看到共同好友的评论或者点赞，非共同好友的评论和点赞相互之间都无法看到。对于发布在朋友圈的信息，微信好友可以对其文字进行复制、收藏、投诉，对图片、视频进行保存、收藏、发送给好友、投诉，但是上述文字、图片、视频均不支持直接发送到微信好友自己的朋友圈。对于发送的链接，微信好友可以进行发送给特定的好友、收藏、投诉等基本操作，同时其也支持直接发送到微信好友自己的朋友圈，这是和文字、图片、视频的最重要的一点区别。

除此之外，微信朋友圈也支持其他应用的分享，其他应用通过嵌入分享模块，可以直接接入微信，微信用户便能直接将内容分享到朋友圈或者发送给自己的好友。分享到朋友圈的内容以链接的形式存在，微信用户只需打开该链接就可以阅读相关内容。

由此可见，通过微信朋友圈分享的内容，应当区别对待。其一，文字、图片、视频等不能直接再分享的内容，具有较为封闭的特征，微信好友只能通过保存、复制的方式重现上述内容。发布在朋友圈的照片，微信好友可以随意观看、下载并保存，微信软件并未有任何的预防手段阻止这种私自复制行为。其二，微信用户分享的链接，其他用户可以直接再分享到自己的朋友圈，对于该操作微信没有任何的限制，任何微信用户均可以将其朋友圈中以链接形式存在的信息，直接发布到自己的朋友圈或者微信好友，这种转发行为通常是没有经过原创作者授权的，这大大增加了利用微信软件侵犯他人著作权的便捷性，降低了侵权成本，且举证极为困难。

（三）微信公众平台

微信公众平台是腾讯公司于 2012 年 8 月 23 日正式推出的，曾命名为“官号平台”和“媒体平台”，微信用户可以通过微信公众号将品牌推广给线上平台，最初微信公众平台主要面向名人、政府、媒体、企业等机构推出合作推广业务，现在个人也可以申请建立订阅号。微信公众平台主要分为服务号、订阅号、企业号三种类型，用户可以根据实际需要选择不同的公众号类型。总的来说，微信公众平台主要功能在于消息的发送和共享，公众号的建立人或者管理者可以定期主动向用户推送有关本公众号所提供服务的消息，共享一些信息，也可以进行广告宣传，扩大企业或者品牌影响力。

由此可见，微信公众平台与微信朋友圈相比有其特殊性。其一，微信公众平台发送信息的数量有明确的限制，订阅号每天只能发送一条信息，服务号每月只能发送四条信息，企业号主要用于公司内部的通信，没有消息数量的限制。而微信朋友圈没有消息数量的限制，用户可以随意发布信息。其二，微信公众平台相比微信朋友圈具有更广泛的社会基础，微信朋友圈的内容一般情况下只有好友可见，因此，微信朋友圈具有较强的封闭性特征，而对于微信公众号来说，只要是关注该公众号的用户，均可以通过该公众号收到相关消息或者通过回复相应的关键字获得相应的信息,其服务对象是社会公众,任何微信用户都可以通过微信公众号的搜索功能单方添加公众号,订阅获取相关信息。其三,微信公众号发布的消息可以直接分享,任何微信公众号的订阅人都可以直接将微信公众号发布的消息分享给特定的人或者分享到朋友圈,但是,在朋友圈发布的信息,除了以链接形式存在的,其他好友一般不能直接转发到自己的朋友圈。

综上所述,微信及其提供的服务与官方媒体以及其他报纸、杂志等最大的不同在于微信公众平台具有自媒体性质,即任何微信用户都可能成为信息的发布者或者传播者,通过微信发布的消息由用户自己决定且无须经过审核,国家监管机关也很难对之监管。通常通过报纸、杂志等媒体发布信息的过程比较复杂,一般编辑要对发布的内容进行审核,同时国家监管部门也会进行检查,整个过程耗时较长,程序复杂。由于使用主体的特殊性、服务对象的广泛化、信息传播的便捷性、监督管理的困难性,微信更容易产生侵犯他人著作权的现象。

二、微信软件对著作权保护产生的影响

(一)微信对著作权保护产生的影响

微信作为一款即时通信工具,集多种功能和服务于一体,其具有便捷、迅速、私密的特征,对网络时代著作权保护产生了极大的影响,对《著作权法》提出了新的挑战。

首先,微信作为一款集文字、视频、语音、图片为一体的即时通信工具,为作品的创作提供了便利条件。其用户可以利用微信进行有

关作品的创作、发表、改编、传播、展览等活动,《著作权法》第四条和《中华人民共和国著作权法实施条例》(以下简称《著作权法实施条例》)第四条第一款对作品的形式进行了明确的规定,文字作品虽然被限制在小说、诗词、散文、论文等几种具体的类型内,但是并没有实际的字数要求,只要符合上述类型并具有独创性的特征,都应受到《著作权法》的保护。由此可见,无论是微信所提供的文字服务,还是语音、视频等服务,都可能引发著作权问题,用户在使用微信的过程中可能会有意识或者无意识地进行作品的创作、传播,从而获取该作品的著作权。例如,微信用户通过微信朋友圈发布一篇自己写的诗词或者一张自己拍摄的风景照片。

其次,微信作为信息传播的媒介,为作品传播提供了便利的条件。微信用户可以将自己创作的作品,通过聊天或者朋友圈,甚至是通过微信公众平台进行发表、传播。一般情况下,作品通过微信传播的方式主要有以下几种:其一,作者通过私聊的方式,将作品发送给特定的一个或多个接收者;其二,作者通过群聊的方式,将作品发送给一个群组的不特定多数人;其三,作者通过发布到微信朋友圈的方式,将作品发送给指定的或者是所有的微信好友,即使是作品发布后新加的好友也可以看到该作品;其四,特定的作者可以通过微信公众平台,将作品发布到公众平台上,使关注该公众平台的用户接收到该作品。

此外,在一般情况下,任何接收到信息的用户均可以通过转发或者复制以上述四种方式继续传播该作品,也就是说作品的二次传递甚至是多次传递,使信息得以迅速复制、传播,在此种情况下,与传统出版的复制、发行类似。有的是免费分享,没有获利行为;有的关联自己的产品、品牌等广告信息，通过传播他人作品间接获利。甚至有关联淫秽等非法内容的，损害著作权人的利益。

《著作权法》对发表权有明确的规定，即决定作品是否公之于众的权利，但是该条并未明确说明公之于众的内涵，那么微信用户将其作品发送给特定的一个或者几个好友，或者发布到朋友圈的行为，是否符合《著作权法》中所说的公之于众的内涵，是否构成创作作品的发表是值得探讨的问题。

本文认为，应当具体问题具体分析。其一，如果作者单纯地将其作品发送给一个或者几个好友供其欣赏，并不能构成作品发表，《著作权法》所言的公之于众，是针对社会公众，是指不特定的多数人，而非特定的一个或者几个好友。其二，如果作者将作品发布到聊天群或者朋友圈，无论该聊天群是否有陌生人存在，从作者的角度来看，其希望该作品被人看到或者欣赏，该行为从保护作者利益的角度来看，应当认定为作品的发表。其三，如果作者将作品发布到微信公众号上，由于任何关注该公众号的人均可以从中获取相关信息，其用户突破了微信好友的限制，是不特定的社会公众，因此在此种情形下应当认定为公之于众，即构成作品的发表。

《著作权法》明确规定了信息网络传播权，即以有线或者无线方式向公众提供作品，使公众可以在其个人选定的时间和地点获得作品的权利。智能手机的发展和微信等软件的应用，使作品创作突破了原有的限制，随时创作成为可能，并且随着移动通信技术的发展，作品通过微信传播也突破了时间、空间的限制，随时创作、随时发表、随时传播成为现代作品传播的重要途径，同时也对著作权保护提出了严苛的要求。

综上所述,微信的推广和使用,对传统的著作权产生了深远的影响,不仅丰富了著作权产生和取得的方式,极大地促进了作品的传播,而且也增加了著作权侵权的可能性,给著作权的保护和监管带来了新的难题和挑战。

(二)微信朋友圈对著作权保护产生的影响

微信朋友圈作为微信的一项功能,具有较为封闭的特征,一般情况下只有微信好友才能看到彼此的朋友圈动态,但是如今主流应用软件为了扩大自己的影响,一般都会允许通过嵌入模块,即在应用内部通过微信将有关内容以链接的形式发布到微信朋友圈当中,好友可以通过点击链接的方式进行查看,此种行为应当如何定性,将对著作权保护产生较大的影响。

首先,微信朋友圈作为一个分享平台,除用户指定的不允许查看的好友之外,微信好友均可以通过其朋友圈查看到用户已发布的相关信息,而且,这种查看还提供了对文字、图片、视频等内容的复制、保存、发送给好友等功能,同时,这些功能的使用没有任何限制,用户可以随意进行相关操作,信息传播极为高效、便捷。此外,微信不支持文字、图片、视频的直接转发,用户如果想对其朋友圈的文字、图片、视频进行转发,必须先复制、保存,再重新发布。如果用户发布的信息,属于《著作权法》所保护的客体,那么这种未经原发布者许可进行转发的行为,有可能构成著作权侵权。

其次,对于用户转发的链接,无论是微信公众号相关文章的链接还是从其他软件转发的链接,其好友均可以直接进行二次转发,这种简便的方式极大地增加了著作权侵权的可能性。

最后,微信朋友圈作为一个分享平台,是否构成作品的发表也是一个需要探讨的问题。《著作权法》规定的发表是将作品公之于众,那么,除发布者明确声明的外,将作品以数字化的形式发布到朋友圈,其他好友可以对作品进行评论、欣赏,甚至是保存、复制、转发的行为应当认定为作品的发表。

综上所述,本文认为,微信朋友圈作为相对封闭的分享平台,为《著作权法》所保护的作品的获得提供了新的方式,为作品的发表、传播提供了新的途径。同时笔者认为,微信朋友圈可以成为《著作权法》所称的发表作品的一个平台,其在提供种种便利的同时,也使著作权侵权更加方便、迅速、隐蔽,加大了著作权保护的难度。

(三)微信公众平台对著作权保护产生的影响

微信公众平台作为消息的推送和分享的平台,其服务对象更加广泛,服务类型更加丰富,是利用微信软件侵权的高发领域。很多侵权案件都是通过微信公众平台进行的,因此对著作权保护的影响也更加深。

首先,微信公众平台的建立人可以通过微信公众平台发布自己享有著作权的作品,也可以通过微信公众平台发送他人享有著作权的作品,并且将其以消息推送的形式推广给公众号的订阅者。在第一种情况下,因其发布的是自己的作品,不涉及他人的著作权。在第二种情况下,由于推送的是他人享有著作权的作品,因此,可能会侵犯他人的著作权。在实践当中,有关微信著作权侵权案件,大多数是该种情形。

其次,微信公众平台的订阅者可以通过分享链接的形式,将公众号中的消息直接分享给好友或者分享到朋友圈,也有可能分享到自己建立的公众平台之中。无论是哪种情形,在未征得原著作权人许可的情形下,均构成著作权的侵权。

综上所述,相对于微信朋友圈而言,微信公众平台由于使用主体的特殊性、服务对象的广泛化、信息传播的便捷性,更容易出现造成侵犯他人著作权的现象。在司法实践当中,大多数的微信著作权侵权现象都与微信公众平台有关,后文会有详细论述,在此不再赘述。

三、微信平台侵犯他人著作权的现象分析

(一)微信软件服务商侵犯他人著作权

微信软件服务商侵犯他人著作权主要分为两个方面。一方面是通过服务协议侵犯他人著作权。2013 年,一篇题为《我写的微信,版权却不属于我?》的新闻报道引发公众热议,腾讯公司曾在《腾讯微信服务协议》第十一条第一款和《微信公众平台服务协议》第九条第一款规定:“腾讯在本服务中提供的内容(包括但不限于网页、文字、图片、音频、视频、图表等)的知识产权均归腾讯所有,但(腾讯)用户在使用本服务前对自己发布的内容已合法取得知识产权的除外。”[①]从该条款的内容来看,腾讯在本服务中提供的内容,无论是何种形式,都归腾讯公司所有,显然包括了腾讯公司自己的知识产权。然而对于用户的知识产权保护,仅仅停留在使用相关服务以前已经取得的知识产权,对于使用腾讯公司服务后取得的知识产权则归腾讯公司

① 游云庭:《腾讯会侵吞微信用户发布内容的版权吗?》,钛媒体网。

所有。也就是说,用户如果对发布的信息已经取得著作权的,该信息的著作权即归用户所有。如果没有取得著作权的,则归腾讯公司所有。《著作权法实施条例》第六条规定:“著作权自作品创作完成之日起产生。”著作权随作品的创作完成而产生,并不需要特别的授权程序才能取得,因此,作者对其创作的作品在完成时即享有著作权,《腾讯微信服务协议》和《微信公众平台服务协议》将他人享有的著作权划为自己所有的规定显然侵犯了他人的著作权。虽然不久之后腾讯公司也修改完善了相关协议的内容,但是此次事件也表明了腾讯公司侵犯他人著作权的可能性。另一方面是未尽通知删除义务侵犯他人著作权。在提供与微信有关的各项服务的过程中,腾讯公司作为网络服务提供商也可能侵犯他人著作权。首先,《中华人民共和国侵权责任法》(以下简称《侵权责任法》)第三十六条明确规定了网络服务提供商的责任。从该条规定来看,网络服务提供商侵犯他人的著作权有两种形式。第一种是独立的责任,即利用其网络平台直接侵犯他人著作权。在实践当中,腾讯公司作为微信服务的提供者仅仅是提供信息发布和储存的媒介,一般情况下不会直接侵犯他人的著作权。第二种是共同责任,即腾讯公司作为网络服务提供者,在接到权利人的通知后未采取相应的救济措施防止损失扩大或者明知他人利用其网络服务侵害他人民事权益,未采取必要措施的应当承担连带责任。

(二)微信用户侵犯他人著作权

微信的一般用户主要是指社会公众,也是微信最主要的服务和使用群体,社会公众在使用微信的过程中,主要有以下两种侵犯他人著作权的可能。

1.未经许可转载他人享有著作权的作品

此种情形主要是指没有经著作权人许可,擅自转载他人享有著作权的作品,可能侵犯他人的署名权、发表权、保护作品完整权、信息网络传播权等权利。例如,微信用户在朋友圈发布作品时,一般情况下可以通过两种方式进行署名:第一,直接在作品中署名,一般情况下是在作品完成时,在作品的下方或者上方署名;第二,未直接在作品中署名,而是通过微信名片来表明其作者的身份,该作品发布到朋友圈之后,作者好友可以通过微信名片来识别作者的身份。《著作权法》规定,作者行使署名权既可以署真名也可以署假名,因此以上两种方式,无论是哪一种均构成行使署名权,其他用户在转发其朋友圈作品时,原则上也应当署上原作者的姓名,或者注明原作者的身份信息,否则就可能侵犯作者的署名权。

2.未经允许擅自发表他人作品

社会公众在使用微信的过程中,特别是在朋友圈转载他人作品时极有可能会侵犯他人的发表权。前文当中分析了微信对著作权中发表权的影响,如果著作权人单纯将其作品发送给一个或者几个好友供其欣赏,并不能构成作品发表。《著作权法》所言的公之于众,是针对社会公众,是指不特定的多数人,而非特定的一个或者几个好友。但是在该种情形下,如果好友将他人未发表的作品,擅自转载到朋友圈或者发送给其他的好友,符合《著作权法》所称的将作品公之于众的情形,就侵犯了他人的发表权。但是,如果著作权人将其作品发布到聊天群或者朋友圈,则属于著作权人自己发表其作品,其他人再转载的,不构成侵犯他人的发表权。

（三）微信公众平台建立者侵犯他人著作权

2014 年 6 月，中山市第一人民法院开庭审理了一起涉微信公众号知识产权侵权案件。在该案中，原告中山商房网科技公司诉称，被告中山暴风科技公司的微信公众号擅自转载其作品，故请求确认被告中山暴风科技公司侵犯其著作权，请求赔礼道歉并索赔 1 元钱。最终，中山市第一人民法院判决原告中山商房网科技公司胜诉。[①]

本文认为，对于已经建立的微信公众平台，只有其建立者或者管理者才可以通过微信公众平台向订阅用户发送信息，虽然订阅用户也可以在公众号上发布信息，但是不能以推送的形式将消息发送给所有订阅该公众号的社会公众。在某些公众号中，用户甚至只能根据平台的提示进行相关操作，获取相关信息，不能进行与平台服务无关的操作。因此在实践当中，与微信公众平台有关的著作权侵权问题，主要是指微信公众平台的建立者或者管理者侵犯他人著作权的行为。

这些行为主要分为以下三种情形。

其一，未经授权转载他人享有著作权的作品。主要是指微信公众平台的建立者或者管理者未经他人授权或者许可，擅自将他人已经发表的享有著作权的作品通过复制、转载的形式发布到自己的微信公众平台上，向其订阅者推送消息。这种行为无疑侵犯了他人的信息网络传播权，如果在转载的过程中，没有署名也没有出处的，同时也会侵犯他人的署名权等。

---

① 杨延超：《与微信平台有关的著作权问题研究》，《知识产权》2015 年第 8 期，第 47 页。

其二，未经授权擅自发表他人尚未发表的作品。微信公众平台的建立者和管理者擅自将他人未发表的作品发布到自己的微信公众平台的行为无疑侵犯了《著作权法》保护的著作权人的发表权，同时也有可能构成侵犯他人信息网络传播权等。

其三，未经许可擅自改编、汇编他人作品。《著作权法》规定，改编权和汇编权由作者依法享有，如果微信公众平台的建立者或者管理者未经他人同意对他人作品进行改编、汇编，再发表到自己的平台上，则构成侵犯他人的改编权和汇编权。

四、微信著作权保护现状及问题

（一）我国微信著作权保护现状

1.立法现状

随着科技的迅猛发展，特别是移动通信技术的革新，以微信为代表的新兴通信工具逐渐被社会公众广泛认可和使用。在社会生活当中，与微信有关的著作权保护相当困难，侵权案件时刻都有可能发生。目前，我国针对网络环境下的著作权侵权问题的理论研究还不够深入，导致了我国立法与社会实践严重脱节，立法远远赶不上社会实践的发展和变化，在很多情形下，出现了无法可依的现象。

我国现行的《著作权法》于1990年9月通过，2001年10月第一次修正，当时，对其部分内容进行了修改并调整了编章结构，删除、合并、增加了一些条款，第一次修改后的《著作权法》共60条，其中新增加了信息网络传播权，并且在第五十八条中明确规定："计算机软件、信息网络传播权的保护办法由国务院另行规定。"

随后,根据修订后的《著作权法》,国务院于2001年、2002年分别颁布了《计算机软件保护条例》和《著作权法实施条例》。2010年2月26日《著作权法》进行第二次修正,此次修改仅仅涉及两条规定,修改了第四条,新增了一条著作权出质的内容,可见并未进行实质性的补充完善。因此可以说,《著作权法》自2001年第一次修正后其主体部分并未大幅度补充完善,截止到2016年,已经适用了15年,其中部分条款已经严重落后于社会实践的发展。

2013年,国务院对《信息网络传播权保护条例》进行了修订,加重了权利人的侵权责任并提高了赔偿数额。该条例的制定,是对《著作权法》的重要补充,填补了我国网络著作权保护的空白。但是,仅仅依靠《著作权法》和国务院制定的《信息网络传播权保护条例》,并不能解决实践当中的问题,特别是以微信为代表的新兴通信工具的出现,对《著作权法》规定的署名权、发表权、复制权、信息网络传播权等提出了严峻的挑战。目前我国并没有针对微信等新兴通信工具的立法或法规。

2.司法现状

由于仅仅依靠《著作权法》不能有效地解决现实问题,在司法实践当中,最高人民法院于2000年11月22日颁布了《最高人民法院关于审理涉及计算机网络著作权纠纷案件适用法律若干问题的解释》。其后,最高人民法院先后于2003年和2006年对该司法解释进行了两次修订,修订后的司法解释共8条,主要明确了计算机网络著作权纠纷案件的管辖范围、受保护的网络著作权的类型以及网络服务提供者的责任。此外,最高人民法院还颁布了《最高人民法院关于审理侵害信息网络传播权民事纠纷案件适用法律若干问题的规定》,

共 16 条，该司法解释的颁布，有效解决了实践中的许多问题，弥补了《著作权法》的不足。但是随着社会的发展，该条例也已经不能满足司法需求。

由此可见，在《著作权法》相对落后的情形下，最高人民法院颁布的司法解释极大弥补了我国在网络著作权方面的空白，在司法实践当中起到了重要的作用。但是，随着科技的发展，新的传播媒介不断出现，法律规范应当更加细化对特殊问题的规定。

3.实践现状

在实际生活当中，微信著作权侵权的现象大量存在，但是真正通过司法途径解决的很少，大多数情形下被侵权人有可能并不知道自己的著作权被侵犯，即使是知道他人侵犯自己的著作权，由于种种原因，最后也会不了了之，究其原因主要有以下三个方面。

首先，侵权方式十分隐蔽。由于互联网、移动通信以及智能终端的普及，人们随时随地都有可能发布作品，成为某项作品的著作权人。微信的用户群体十分庞大，每天发布的信息量巨大，被侵权人有可能不知道他人侵犯自己的著作权，或者说被侵权人可能没有及时发现自己的著作权被侵犯，即使著作权人发现他人侵犯了自己的著作权，在网络资源共享的环境下，被侵权人也很难找到或者确定侵权人。

其次，诉讼成本较高。依据我国民事诉讼法的相关规定，一般民事诉讼要经过起诉、立案、审查、审判、执行，甚至是二审、再审等多个诉讼程序，短则数月，长则数年，如此高昂的诉讼成本往往不是一般的被侵权人能够负担和承受的。此外，网络著作权侵权案件的取证极为困难，由于传播极为迅速，原著作权人很难证明其对某项作品真正享有著作权,进行诉讼可能面临败诉的风险,即使最后胜诉,被侵权人往往也无法获得相应的赔偿。因为我国尚未制定有关网络著作权费用的相关法律,因此在赔偿数额上没有相应的法律依据。

最后,在发生侵权的情形下,侵权人作为网络服务的提供者,一般处于强势地位,被侵权人作为受害者,一般处于弱势地位,被侵权人向侵权人发出停止侵权的通知时,侵权人一般会选择删除涉嫌侵权的作品或者断开涉嫌侵权的链接,通过这种方式侵权人一般可以免责。同时,我国法律规定,网络服务提供者未对网络用户侵害信息网络传播权的行为主动进行审查的,人民法院不应据此认定其具有过错,也就是说网络服务提供者没有义务审查用户利用其网络进行的信息发布行为是否侵权。综上所述,在实践当中,对被侵权人而言,无论是判断侵权行为,还是通过私下的方式解决,抑或是通过司法途径解决都极为困难。

(二)微信著作权保护问题

本文所谈的著作权保护是指一般的民事范围内著作权,不包括涉及国家安全、政治等方面的内容。因为涉及国家安全、政治等方面的内容的作品,不受《著作权法》保护,而且一旦被发现侵权,通过国家机器、网络监管机构的技术手段,能够迅速发现信息发布者的主体、数量,以及信息传播范围等。而一般的民事范围的著作权纠纷,属于谁主张谁举证,但因个人不具有网络举证的实力,便出现了著作权侵权方面的种种问题。

1.立法不完善

首先,法律滞后问题上文已经叙述,不再赘述。

其次,司法管辖权难以确定。尽管我国相关法律明确规定了网络著作权侵权的司法管辖问题,但是,由于互联网的无国界性,微信也提供一些海外服务,其用户主体突破了国内群体的限制。在涉外微信著作权侵权案件当中,要确定管辖法院往往极为困难,而且经过多人转发以后,形成多人侵权,侵权地址与主体多而且不固定,往往在无形之中增加了当事人的诉讼成本。

2.侵权行为难以界定

首先,侵权主体难以确定。由于微信等新型传播平台具有即时性、高速性、匿名性以及信息量巨大的特点,通过移动互联网的方式,著作权人取得著作权的方式相对而言比较简单,且作品发布后处于一种运动的状态,随时会被后来的信息所淹没。就侵权人而言,其主观上可能抱着一种被侵权人不知道的侥幸心理,肆意侵犯他人著作权。就被侵权人而言,对于他人侵犯自己著作权的行为,其可能无法发现或者无法及时发现。当发现时,作品可能已经被大量复制、转载,加之侵权人在实施侵权行为时采取了规避措施,往往导致难以确定侵权人。

其次,加害行为难以确定。依据《中华人民共和国民法通则》(以下简称《民法通则》)和《侵权责任法》的相关规定,行为可以分为作为和不作为两种,对于微信的普通用户而言,侵犯他人著作权的行为主要是作为的形式,主要表现为未经他人允许,擅自转载他人作品。《著作权法》第十条对复制进行了界定,即指“以印刷、复印、拓印、录音、录像、翻录、翻拍等方式将作品制作一份或者多份”。由此可见,《著作权法》对于复制的界定是建立在有形复制的基础之上,并未明确规定作品数字化复制行为,然而在网络环境下,传输、下载、观看等都必然伴随着作品复制，简单地用列举的方式来界定复制权的内容，忽略互联网等新形式下的复制行为，已不能满足网络技术不断发展和司法实践的需要。①

最后，举证极为困难。通过微信发布的信息属于电子数据，原始电子数据处于数字化的形态，往往难以长期保存，用户注册微信是自愿的，其用户名与真实的姓名可能不一致，在发生著作权侵权的情形时，被侵权人往往无法举证自己是实际的权利人。此外，用户还可以随意删除、修改涉案信息，一系列的侵权证据可能在后期被删除，给取证造成困难，给权利人维权带来极大的困扰。由于微信通过网络与互联网连接，因此作品传播的速度极快，而对一个作品的侵权行为也很有可能在极短的时间内扩散到极大的范围之内，导致微信侵权极易实现，并且所涉及的人数可能十分庞大。也就是说，对于微信著作权侵权的损害事实的认定极为困难和复杂，被侵权人一般无法准确地统计出侵权人的信息，也就无法对损害事实做出准确的判断。

3.责任分配不合理

首先，民事责任与行政责任相比规定过于简单。《著作权法》规定了侵犯著作权案件的责任承担方式，主要有停止侵害、消除影响、赔礼道歉、赔偿损失等方式。从该条文可以看出，《著作权法》提供的救济方式是建立在有形复制的基础之上，对于侵犯网络著作权的情形没有规定。

从该条文中不难看出，对于侵犯著作权的主要应承担的是民事责任。该条文对于民事责任的规定相对简单，仅仅笼统规定了侵犯

① 刘丹丹：《论网络著作权侵权及法律保护》（西南政法大学硕士论文），第16页。

他人著作权的几种救济手段,并未详细进行说明;对于行政责任的规定则十分明确和具体,无论是承担责任的方式还是承担责任的数额都有详细规定,在实践当中可操作性强;对于刑事责任也仅仅做出了一句说明,表明立法对侵犯著作权有可能承担刑事责任的态度。一项民事权利被侵犯后主要应当承担的是民事责任,而非行政责任和刑事责任,因此,在责任分配上"厚此薄彼"的法律条文不利于对被侵害人进行有效救济。

其次,侵权赔偿数额较低。《著作权法》第四十九条确立了我国侵犯著作权案件的赔偿原则,即以被侵权人的实际损失作为赔偿标准,实际损失不能计算的,以侵权人的违法所得作为赔偿标准,二者均不能确定的,由人民法院在50万元范围内确定赔偿数额。我国并未规定网络著作权的赔偿标准或者参考依据,依据我国现行的稿酬计算标准,赔偿数额可能过低,导致被侵权人维权意识不强。加之法院的自由裁量权过大,不同法官、不同地区、不同时期的判断标准也就不一样,最终可能导致被侵权人放弃维权。

最后,刑法保护过于简单。《中华人民共和国刑法》(以下简称《刑法》)对著作权犯罪的规定只有两条,分别是第二百一十七条和第二百一十八条,仅规定了侵犯著作权罪和销售侵权复制品罪。因我国采取的是罪刑法定原则,法无明文规定不为罪,而现实生活是纷繁复杂的,仅仅依据这两个罪名来概括著作权侵权犯罪是远远不够的,不能满足司法实践和保护著作权人合法权利的需要。除此之外,即使著作权人的其他人身或者财产权利被侵犯,也不受《刑法》保护。例如发表权或者出租权被侵犯的情形都不适用《刑法》保护。除此之外,《刑法》条文中有一个销售侵权复制品罪,是用来保护著作权人或者其他权利人对作品的复制发行权的。

4.著作权集体管理制度形同虚设

首先，我国著作权集体管理制度起步较晚。最初的《著作权法》并未规定著作权集体管理制度，直到2001年我国第一次对《著作权法》进行修改时，才在第八条明确规定了著作权集体管理制度，这是我国第一次以立法的形式确立著作权集体管理制度，但并未进行详细的规定。2004年，国务院制定、颁布了《中华人民共和国著作权集体管理条例》，进一步完善了我国著作权集体管理制度，对其设立、组织机构、管理活动、监督、权利义务做出了明确的规定，这在我国著作权集体管理制度的构建中具有划时代的意义。

其次，依据我国相关法律，著作权人必须加入著作权集体管理组织，注册会员，才能得到保护，并且著作权集体管理组织只对会员的作品进行管理，不管理非会员的作品。通过微信等现代化的智能终端取得著作权的主体十分广泛，任何注册的用户都有可能成为某项作品的著作权人，普通用户不可能都与著作权集体管理组织签订合同或者加入著作权集体管理组织成为其会员，因此，针对微信著作权保护的问题，著作权集体管理组织发挥的作用十分渺小，几乎形同虚设。

最后，我国法律虽然明确规定了著作权集体管理组织的成立要件，但是到目前为止，国家版权局正式公布成立的只有音乐、音像、文字、摄影、电影这5个著作权管理组织，涵盖的范围仅仅集中在几种常用的著作权领域，且上述5个组织并没有建立针对网络著作权保护的相关机构，更不要说建立专门针对微信著作权保护的机构了。

五、外国立法和国际公约对类似“微信”著作权保护的规定

（一）外国立法对类似“微信”著作权保护的相关规定

1.美国制定的《数字千年著作权法》

随着科技和网络的发展，美国出现了 Facebook（脸书）社交平台，为美国人网络社交活动提供了更加便捷的方式。1998 年，经美国两院批准，由美国前总统克林顿正式签署通过了《数字千年著作权法》。该法共有 5 章，总计 1000 多条，其中第二章是“网上著作权侵权责任限制法”，主要规定网络服务提供商在从事某些类型的行为时，对其著作权侵权责任的限制。该法针对网络传播的特征，对网络环境下的“复制”进行了明确的界定，不仅使网络服务提供商明确了法律的具体规定以及可以采取的预防措施，而且实实在在地为网络服务提供商对发生在数字环境中的著作权侵权进行监察与处理提供了依据，同时，使网络服务提供商明确了可能发生在他们活动中的著作权侵权行为。① 美国《数字千年著作权法》的颁布，囊括了对类似“微信”著作权保护的相关规定，将其纳入到监管的范围之内，明确了网络著作权的权利人认定、保护、救济等各个方面，同时对网络运营商的行为进行了有效的监管。此外，该法一般每三年修订一次，跟随科学技术的发展变化，更好地解决实际问题。

2.欧盟制定的《信息社会版权指令》

进入 20 世纪 90 年代以来，欧盟加强了对网络知识产权保护的

---

① 冯晓青：《因特网服务提供商著作权侵权责任限制研究——美国〈数字千年著作权法〉评析》，《河北法学》2001 年第 6 期，第 125 页。

力度,经过长达数年的准备和磋商,欧盟议会和欧盟理事会正式达成协议,于 2001 年颁布了《信息社会版权指令》(以下简称《指令》)。该《指令》的颁布,无论是对欧盟成员国还是其他国家都产生了巨大的影响。复制权在版权保护中处于核心地位,在信息网络环境中,数字化信息比以往更加容易被复制、传播,而且复制的费用低廉,传播速度也十分迅猛。《指令》建议将扫描(scanning)、上载(loading)、存储(storing)于计算机存储器或其他电子系统也列为复制行为,协调后的对复制权的定义将涵盖直接或间接复制、暂时或永久复制、联机或脱机复制,以资料形式或非资料形式复制等相关行为。① 欧盟出台的该指令在很多制度上突破了原有的限定,对于网络环境下不同国家乃至不同法系的国家的版权保护具有重大的意义,特别是提高了数字环境下对版权的保护水平,及时解决了信息时代关于著作权保护的许多问题。

(二)国际公约对类似"微信"著作权保护的相关规定

到目前为止,国际上影响比较大的有关知识产权方面的国际条约或公约主要有《保护工业产权巴黎公约》(以下简称《巴黎公约》)、《保护文学和艺术作品伯尔尼公约》(以下简称《伯尔尼公约》)、《保护表演者、音像制品作者和广播组织罗马公约》(以下简称《罗马公约》)、《与贸易有关的知识产权协定》、《世界知识产权组织表演和录音制品条约》、《世界知识产权组织版权条约》共 6 个。

《巴黎公约》《伯尔尼公约》《罗马公约》制定得较早,不包括网络

① 陈传夫:《评欧盟信息社会版权立法的发展及其国际影响》,《法学评论》2000 年第 1 期,第 27 页。

著作权方面的规定。《与贸易有关的知识产权协定》是世界上第一个涵盖了大多数知识产权类型的国际条约,既包括实体性规定,也包括程序性规定,但是该条约也没有针对网络著作权方面的特别规定。《世界知识产权组织版权条约》,简称《WIPO 版权条约》,是 1996 年由世界知识产权组织主持制定,主要为解决国际互联网络环境下应用数字技术而产生的版权保护新问题。该条约共计 25 条,主要在协调《伯尔尼公约》的基础之上,规定了计算机程序、数据汇编(数据库)、发行权、出租权、向公众传播的权利等内容,该条约首次明确了著作权人的信息网络传播权。

《世界知识产权组织表演和录音制品条约》是 1996 年由世界知识产权组织主持缔结的,主要为解决国际互联网络环境下应用数字技术而产生的邻接权问题。截至 2004 年 12 月,共有 48 个国家正式加入该条约。该条约分为 5 章,共计 33 条,不仅包括实体法上的条款,还包括一些行政法条款,主要解决录音、录像制作者在网络环境下对其作品的复制、发行、出租、广播等权利。这些条约或公约的制定,有效促进了互联网时代对著作权人利益的保护,同时也促进了各国加速制定有关网络著作权保护的相关法律法规。

六、完善我国微信著作权保护的建议

(一)加强立法,完善各项相关法律法规

1.完善法律法规体系

首先,《著作权法》作为专门保护著作权的法律规范,在著作权法律体系中具有最高的法律效力,是制定其他法律法规以及司法解释

的基础,可以说是著作权领域的根本大法。但是,我国现行的《著作权法》仅 61 条,与美国等发达国家动辄上千条的著作权保护法律相去甚远,只能从宏观角度对著作权进行保护,不能满足实践的需要,特别是关于网络著作权的问题基本没有规定。本文认为,《著作权法》应当对网络著作权的问题做出基本的规定,对基本概念进行明确界定。例如,网络著作权的取得、复制、发行,著作权人的权利、义务等都应当在《著作权法》中予以明确的规定。此外,《刑法》应当增加对侵犯网络著作权的行为的法律条文,加大对网络著作权保护的力度。

其次,国务院制定的《信息网络传播权保护条例》规定的范围太过狭窄,仅仅保护网络传播权,对网络著作权的其他权利没有进行专门的规定。本文认为,国务院应当加紧制定互联网著作权保护相关条例,不仅应当将网络著作权人、网络服务的提供者纳入规定的对象,而且应当将侵权人、网络平台的建立者和使用者等都纳入法律的调整范围,对于微信等新兴的即时通信工具的特点,还应当制定有针对性的保护条例,填补法律的漏洞和不足。

最后,针对实践中产生的具体问题,相关司法机关也应当针对微信著作权侵权案件进行具有可操作性的司法解释,保护被侵权人的利益。在数字化时代的大背景下,社会发展日新月异,只有法律规范与时俱进,才能更好地促进社会发展,形成良性循环。因此,建立以《著作权法》为主,国务院制定的各种行政法规为辅,司法解释为补充的网络著作权保护的法律法规体系已经迫在眉睫。

2.明确界定微信侵权行为

对于微信著作权的保护而言,传统的侵权行为认定标准在互联网模式下应当进行重新界定,以适应网络环境下对著作权保护的需要。

首先,就侵权主体而言,由于微信等新型传播平台具有即时性、高速性、匿名性等特征,侵权主体不容易进行确定。此外,由于网络传播的简便迅捷,侵权主体可能涉及很多人,因此,在确定侵权主体时,应当首先明确侵权主体的范围。常见的微信侵权主体主要有微信公众平台的建立者或者管理者以及普通的微信用户。

其次,我国台湾地区关于著作权的相关法规和美国版权法对于侵权人的违法所得的举证责任,均规定权利人仅需举证证明侵权人的总收入,侵权人则须承担其成本或者必要费用的举证责任。[①] 我国也应当适当引入该制度,由著作权人对侵权人构成侵权承担举证责任,至于确定违法所得数额,应当由侵权人承担举证责任,著作权人也可以就其掌握的证据承担部分举证责任。

最后,微信著作权侵权行为不以过错为构成要件。依据现行的《著作权法》的相关规定,凡是未经著作权人许可,使用他人作品,除合理使用等特殊情形以外,均构成侵犯他人著作权的情形,而不必按照民法理论和《侵权责任法》的规定,以传统四要件学说为标准进行判断。

3.引入默示许可制度

目前《著作权法》并未规定著作权默示许可制度,著作权默示许可指的是虽然著作权人未作出明确授权,但是他人可从著作权人的

---

① 张春艳:《论著作权侵权损害赔偿额确定中举证责任的分配》,《河南师范大学学报》2011 年第 6 期,第 70 页。

行为或者沉默中推定其获得了著作权人授权许可的著作权许可方式。① 本文认为,在信息网络传播中引入默示许可制度,在一定情形下,虽然著作权人未明示许可他人可以在网络空间传播作品,但是从著作权人的行为,可以推定其对该使用不表示反对的,可以认定他人是经许可而利用著作权人作品。在信息网络传播中引入默示许可制度,有利于保护微信著作权人的合法利益。一般而言,在微信中发表作品的,除著作权人明确声明不得转载之外,都是希望其作品得到广泛的传播,为其带来经济利益的,因此,默示许可制度不但有利于作品的传播、利用,而且有利于再创新,减少微信著作权的侵权问题,合理衡量了微信著作权人和使用人二者的利益,有助于解决基于微信而产生的著作权纠纷。

4.合理分配责任

一般在侵权行为发生后,侵权人可能承担民事责任、行政责任、刑事责任这三种责任。

微信著作权侵权首先是一种民事责任,其侵犯的对象是著作权人的著作权,而著作权属于私权的一种,因此,微信著作权侵权责任的承担方式主要应当是民事责任,我国应当在《民法通则》和《侵权责任法》的基础之上,明确侵犯网络著作权的责任承担方式,细化责任承担的具体规定,提供具有实际可操作标准的权利救济措施,如应当进行赔礼道歉的,应当从外在方面制定明确的赔礼道歉的标准、方式和具体的操作方法。

此外,应当尽快制定有关网络著作权侵权赔偿标准,明确赔偿的

---

① 李捷:《论网络环境下的著作权默示许可制度》,《知识产权》2015 年第 5 期,第 67 页。

范围、计算标准、赔偿的执行等各个方面的规定，保障被侵权人获得救济的权利。规范酌情赔偿的适用，应当将作品类型、侵权行为性质、侵权行为后果、合理使用费、侵权地经济发展状况、作品流行程度、侵权人经营场所的位置、侵权人经营规模、作品发行范围、作者的知名度、国家相关稿酬规定、作品的商业价值、为制止侵权行为而支付的合理费用等确定为酌情赔偿时必须考虑的因素。①

其次，侵权人在承担民事责任的前提下，根据其行为对国家管理带来的损害，还应当承担相应的行政责任，无论是《著作权法》还是《信息网络传播权保护条例》都对行政责任进行了明确的规定。但本文认为，相对于侵权人应当承担的民事责任而言，行政处罚偏重，民事责任太轻，立法应当合理协调二者，最大限度地保护被侵权人的利益。

最后，《刑法》对著作权保护的范围太小，只有两项罪名，侵权人承担刑事责任的情形太少，不利于形成威慑。因此，《刑法》应当针对网络著作权制定相应的条文，以更好保障网络著作权。

（二）净化网络环境，提高公众意识

一方面，要净化网络环境，加强网络监管。良好的网络环境，有利于更好地保护网络著作权，减少网络著作权侵权事件的发生。构建良好的网络环境，离不开对网络的监督管理。首先，政府部门应当加强对网络设备制造商、网络运营商、网络服务提供者的监督管理，减少侵权设备、侵权软件流通到社会上的可能性，同时应当采取技术

① 尹西明：《著作侵权损害的酌情赔偿》，《河南财经政法大学学报》2015 年第 4 期，第 97 页。

手段，强化对网络环境的监管，从源头上减少侵权行为发生的可能性。其次，网络服务的提供者也应当强化对自己所提供的网络服务、网络平台的监督管理，进行有效的风险提示，对其数据进行有效保存，确保在侵权行为发生后，能够及时反馈，并采取技术手段减少侵权危害的扩大，并且在诉讼活动中，能够为被侵权人提供相应的证据支持。最后，广大公众也应当维护自身和他人的合法权益，对自己享有的著作权坚决予以保护，同时尽到不侵犯他人著作权的义务，并且与侵犯他人著作权的行为作斗争，共同维护良好的网络环境，保护网络著作权。

另一方面，要加强宣传，提高公众法律意识。著作权行政管理部门、著作权集体管理组织、微信服务的提供者等机构应当加大宣传力度，对广大公众进行法制教育，使其认识到保护自己著作权的重要性，以及社会公众承担的不得侵犯他人网络著作权的义务，政府部门应当给社会公众提供各种合法的维权方式，运营商也应当加强对自己提供的网络服务的监督管理，为著作权人维护自己的合法权利提供便利的条件。这样才能更好地增强全民的维权意识、法律意识、法治思维，使其共同建立良好的网络环境，坚决和微信侵权行为作斗争。

（三）完善我国著作权集体管理制度

一方面，要加速建立著作权集体保护组织。到目前为止，国家版权局正式公布成立的集体管理组织只有中国音乐著作权协会、中国音像著作权集体管理协会、中国文字著作权协会、中国摄影著作权协会、中国电影著作权协会这 5 个组织，与发达国家相比，我国著作权保护组织的数量太少，权利太小，保护范围太窄。在网络环境下，作品的使用者对于作品的需求与著作权人利益的保护之间产生了极大的冲突，目前就我国的国情而言，网络环境下的著作权纠纷日益增多，并不比传统意义上的作品所产生的著作权纠纷少，对于网络环境下出现的有着海量使用需要又低成本的作品而言，如微信等平台上的简单的文字作品以及带有原创的摄影或视频作品等，都应当纳入著作权集体管理组织的范围，我国应当建立或者在现有的组织范围内成立专门针对网络著作权保护的著作权集体管理组织。此外还要加强著作权集体管理组织的数字化水平，采用新型的科学技术，提高管理效率和创新管理模式。①

另一方面，要强化著作权集体管理组织的非营利性。目前与发达国家相比，我国著作权集体管理组织收取的费用十分高昂。由于著作权集体管理组织的数量太少，现有著作权集体管理处于一种垄断的局面，因此应当增加著作权集体管理组织的数量，打破垄断局面，强化著作权集体管理组织的非营利性特征，保障著作权人选择自由，即进入、退出著作权集体管理组织的自由，同时，建立公平、公正、公开、合理的许可费分配机制，充分公开账目信息，接受政府、会员著作权人、非会员著作权人及社会的监督。

七、结语

科技的发展，特别是以微信为代表的新型智能即时通信工具的

① 曹世华：《论数字时代技术创新与著作权集体管理制度的互动》，《法学评论》2006 年第 1 期，第 44 页。

出现,在为人类提供更好服务的同时,不应当成为侵犯著作权的法外之地。我国应当与时俱进,针对新时代、新时期、新环境下的特殊问题及时制定相关法律法规、明确界定网络侵权行为的标准、完善著作权集体管理制度、引入默示许可制度、提高公众的保护意识,通过各种有效途径保护微信著作权人的利益,打击网络著作权侵权行为,保证网络环境的纯净,同时应当与国际社会接轨,共同维护互联网时代著作权人的合法利益。

参考文献

[1]吴汉东.知识产权法[M].北京:法律出版社,2004.

[2]郑成思.知识产权论[M].北京:法律出版社,2003.

[3]李明德,许超.著作权法[M].北京:法律出版社,2003.

[4]刘春田.知识产权法[M].北京:中国人民大学出版社,2002.

[5]许超.著作权疑难问题评析[M].杭州:浙江教育出版社,2000.

[6]吴伟光.网络环境下的知识产权法[M].北京:高等教育出版社,2011.

[7]郭威.版权默示许可制度研究[M].北京:中国法制出版社,2014.

[8]冯晓青.著作权合理使用制度之正当性研究[J].现代法学,2009(4).

[9]蒋风采.网络著作权利益平衡机制的解析与完善[D].广州:华南理工大学,2013.

[10]陶鑫良.网上传播国内一般作品应当适用"法定许可"[J].法

学,2000(8).

[11]王春梅.微信公众号传播他人作品行为性质辨析[J].法学论坛,2015(3).

[12]郑莹.微信公众平台著作权侵权行为的认定和责任承担[J].怀化学院学报,2015(6).

[13]许超.解读《著作权集体管理条例》[J].电子知识产权,2005(2).

[14]常青.论著作权集体管理制度:法经济学的视角[J].电子知识产权,2006(7).

[15]金武卫.《著作权集体管理条例》主要问题评述[J].电子知识产权,2005(2).

[16]梁志文.著作权延伸性集体许可制度的移植与创制[J].法学,2012(8).

[17]崔国斌.著作权集体管理组织的反垄断控制[J].清华法学,2005(1).

[18]梅夏英,刘明.网络侵权归责的现实制约及价值考量——以《侵权责任法》第36条为切入点[J].法律科学,2013(2).

[19]袁真富,胡琛罡.微博作品传播的侵权风险及其解决途径[J].电子知识产权,2013(4).

[20]郑炜.手机媒体侵权问题研究[D].南京:南京师范大学,2012.

[21]徐伟.网络服务提供者侵权责任理论基础研究[D].长春:吉林大学,2013.

[22]王艳辉.网络著作权间接侵权责任研究[D].长春:吉林大学,2013.

[23]梁诗偲.论自媒体环境下著作权保护——以微信为例[D].广州:暨南大学,2014.

[24]韩珍珍.论著作权合理使用的判断标准[D].石家庄:河北经贸大学,2013.

网页著作权保护

信息时代互联网的普及不只是简单地对人们的生活方式的变革,这些因时代变换不断出现的新生事物也对现存的法律提出各种挑战,在著作权法方面这个问题就显得特别明显。目前,网络逐渐成为信息传播的主要方式,人们通过浏览网页去获取想要的信息,也倾向利用网络平台展示或传播信息以获取关注,从而获取一些经济或非经济的利益。网页作为网络的最直观、最基本的存在单位,并非凭空产生,而是一个人或多数人付出脑力劳动得到的结果。它作为一种智力成果,应当得到保护。然而各种网页侵权现象却层出不穷,特别是网页剽窃现象,因网络技术的便利,或出于不劳而获的心理,或假借其他网络经营者良好的声誉,达到不正当的商业目的,这些行为都对权利人的相关利益造成很大损害。权利人需要运用法律武器去维护自己的权益。而传统的著作权制度建立在作品的客观物质性基础之上,即要有一定的载体,虽然数字技术和网络技术的广泛应用已经催生出了很多新的著作权保护原则,但是其本身问题产生之迅速及复杂,使立法无法及时地对这些问题做出回应。尽管可以查知早在 1999 年司法实践中已经存在关于网页著作权的侵权诉讼的判决①,肯定了网页的作品属性,但是鉴于我国并非判例法国家,该判决对以后的判决除有参考价值之外,并没有其他强制的效力。目前对有些问题并没有明确的立法或是有权的司法解释,如:网页是否构成著作权法上的作品?如果构成作品,构成哪一类作品?权利主体是谁?与传统作品相比,网页受著作权的保护范围是否更大?在网页侵权案件中,判定网页侵权的标准有哪些?等等。这些问题不仅在

---

① 瑞得(集团)公司诉宜宾市翠屏区东方信息服务有限公司侵害著作权案,参见北京市海淀区人民法院民事判决书(1999)海知初字第 21 号。

司法界而且在理论界仍然是备受争议的,所以实践中被侵权人仍然面临着应当得到保护却没有得到充分保护,想要寻求保护却不知道用什么样的权利名义去寻求保护的尴尬局面。在这种情况下,从网页本身的构成出发,研究网页存在的各种著作权问题,从而有效地解决理论或实践中出现的争议问题就显得十分必要了。

一、网页的界定

(一)网页的概念

网页并非一个法律概念,而是互联网领域的专业术语,是构成网站的基本元素。在技术层面上,网页是用超文本语言描述的储存在计算机中的一个源文件。网页通过网址来识别与存取,当我们在浏览器输入网址之后,经由一系列的程序,网页文件就会被传递到计算机中,再通过浏览器分析识别网页的内容,从而呈现在计算机页面上。计算机上所呈现出来的可视的网页中,一般都包含有文字、图像,但是相对复杂的网页还包含有视频、声音、动画、导航栏、表格等。撇开网页产生过程中以及产生以后其背后所隐藏的一些信息,就可视层面来说,网页就是由文字、声音、图像、动画、视频等一系列数字信息组成的且能够被用户以交互方式访问的新的信息平台。

(二)网页的构成

网页所呈现出来的可视页面的背后还隐藏着看不见的源程序,运用一些特殊的“语言”(即代码),如 JavaScript 等,并对其进行编排,即可制作成网页。我们在网页上看到的可视页面就是由浏览器对这些代码进行翻译的结果。所以总体来说，网页由两大部分组成，一部分是可视的网页页面，另一部分是隐藏的网页代码。[①] 可视的网页页面中又包含两部分内容：一部分是网页的内容，包括文字、声音、图像（静图或动图）、视频等，这些元素的组合构成了完整的网页页面；另一部分是网页的版式设计，即网页内容的布局安排。网页设计者根据网站经营者提供的主题，按照一定的艺术想法，对网页上的文字、图画、视频等进行编排组织，使其体现出一定的艺术美感。具体表现为栏目设置、板块设计、字体的大小、颜色的设置、栏目的分布和形状等。

（三）本文研究内容的限定

首先要强调的是本文所讨论的网页著作权不等于网页内容的著作权。构成网页的文字、图像、视频、音频等内容，如果能各自构成著作权法保护的"作品"，则其应各自独立地受著作权法的保护，对这些"作品"的权利范围、权利归属、权利期限以及权利限制，《著作权法》都作出了相应的明确规定，如果这些"作品"对应的权利人有关著作权受到侵犯，应当由其单独提起诉讼请求权利保护，所以对网页内容的著作权应完全依照《著作权法》进行保护，没有讨论的必要。

其次，在此讨论的网页著作权仅限定在浏览器所呈现的网页页面整体范围内，网页有主网页和次级网页之分，次级网页一般由单篇文字、图画等构成，可以直接受《著作权法》保护。所以我们在这里主要讨论网页主页页面的著作权问题和网页的版式设计的权利问题。

---

① 余寅同、冯忠明：《论我国网页著作权的保护》，《经济研究导刊》2008 年第 3 期。

有学者就认为:网页著作权包括两个部分。一部分是权利人对页面的结构布局、网页导航栏目设置的分类、字体、色彩、图画等方面的设计等,享有版式设计权;另一部分是栏目和内容的编排构成汇编作品,其著作权由汇编人享有。

最后要明确的是网页代码作为计算机程序,单独直接受著作权保护,不在我们讨论的范围之内。

二、网页著作权保护的合理性

网页作为时代新生事物,其法律性质是什么以及是否应当受到著作权保护,法律都没有具体规定。但不管在理论界还是在司法实践中,对网页可受著作权保护基本没有任何异议。在理论方面,“知识产权”这个词自 17 世纪产生以来,代表一切来自知识活动的权利,人们使用它的目的就是对创造人的智力成果进行保护,从而鼓励创新,进一步促进文化、科技的发展。知识产权是赋予创作人对其智力的产物所享有的一种权利,是创作人在法定的时间范围内对作品排他性的使用。网页作为一种智力成果自不待言,应当受到知识产权的保护。网页不同于发明创造、实用技术或商标等,不管是从网页页面本身构成要素和制作过程,还是从网页版式设计的制作过程及其发挥的功能来看,对其提供著作权法上的保护更为恰当。在司法实践中,自被称为“中国第一网页侵权案”——瑞得在线主页案的判决中肯定网页受著作权保护之后出现的很多此类案件,法院也基本都支持了原告请求著作权保护的主张。搜集相关资料,也可以查到以网页著作权为案由的法院判决。①

（一）网页页面的“作品”属性

1.网页页面具有构成作品的必备属性

作品是著作权的客体，是著作权存在的基础，没有作品就谈不上著作权，一般认为一部作品要受到著作权法的保护应当具备两种属性，即独创性和可复制性。我们从对网页的技术层面和可视层面进行具体分析来看，网页页面具备这两种属性。

（1）独创性

独创性是作品受著作权法保护的必备要素，是法律保护作品表现形式的客观依据。所谓独创性是指作品必须是作者个人通过自己的独立构想，发挥自己的聪明才智独立完成的劳动成果，而不是对他人智力成果的剽窃。想要自己的作品受到著作权法的认可和保护就必须证明作品是独立创作完成而并非对他人作品的剽窃，并且要包含最低程度的创造性。这就将那些不具有独创性的作品排除在著作权保护的范围之外，从而能够确保著作权法保护作者因创作过程而产生的正当权益。

制作网页有很高的技术性要求，网页制作流程贯穿于网站制作的全过程，网页制作流程大致包括网站策划、美工制作、网页界面框架制作、后台程序制作、网站测试等一系列复杂的过程。从网页的制作流程来看，技术含量高的网页制作需要设计者付出大量的心血，为了吸引网民的眼球，设计者往往在网页的版式设计和美化上花费大

① 在中国裁判文书网、无讼网上输入“网页著作权”进行案例搜索，均可得到数条或数十条搜索结果，从中我们可以看出“网页著作权”在司法实践中已经不是陌生的词语。

量的心思,如版式结构、版面率是否符合黄金比、图片使用、色彩的搭配是否合理等,这都需要设计者运用自己的艺术素养,同时对网页内容的选择和编排也包含了设计者的智慧和劳动。设计者根据提前设定的主题将图画、文字、视频、动画、色彩等信息有秩序地、规律地、艺术性地结合在一起,这些都体现了对作品独创性的要求。①

(2)可复制性

作品作为一种有形的文化载体,法律不仅仅保护权利人对其的独占权,其终极目的还是促进文化的传播,使被保护的"作品"能够自由地被他人所利用。而对作品的复制使用是利用作品的主要方式。所以,作品的可复制性就构成了作者享有著作权的另一必备条件。对于这一点各国著作权法都予以肯定。随着科学技术的发展,复制的手段也越来繁杂,需要说明的是复制并不等同于以物质形式固定,复制强调的是作品的客观表现形式可以再现而为他人所利用,这是法律以其本身的社会性所提出的要求,但是构成作品却不要求其能够被以物质形式固定下来。网页页面以有形的方式展示,同时也能够通过多种途径保存,可以重复再现在各种有形载体上,比如纸张、电子存储物等,所以说网页也具有可复制性。

网页页面作品虽然具有与传统作品一样的属性,可以作为著作权法保护的"作品",但是与一般传统作品相比又有很多的特殊性。第一,网页的交互性。交互性是网络的一个重要特征,网页的交互性是指网页可能随着网络用户的不同指令呈现出不同的页面效果。第二,网页页面载体具有特殊性,一般呈现在与网络相连的计算机上。

---

① 白树海、张小灵:《网页作品版权保护相关问题探析》,《电子知识产权》2011 年第 11 期。

第三,网页构成要素复杂,是各种作品元素和非作品元素的集合体。第四,网页更新速度快。网络作为信息传播的平台,其优势主要在于信息更迭的及时性,网页内容不断更新为应有之义,这样可能就会不断地产生新的作品。第五,网页的跨地域性。一般国家的著作权保护都有地域性,但网络的无国界性,使网页可以同时被世界各国的民众看到,这样就给著作权保护的地域性带来了值得研究的新问题。所有这些新的特征,都证明了在此讨论网页著作权的必要性。

2.网页页面作品的"汇编作品"性质

网页页面整体构成著作权法上保护的作品之后,我们禁不住还要追问:其究竟属于何种类型的作品?对此也有不少争论。主要有两种观点:一是认为其属于视听作品;二是认为其属于汇编作品。当然还有学者将其归类于多媒体作品。因多媒体作品并不是著作权法领域的概念,像这样创造一种新的作品类型,并将这样一种新型的作品归属于其中,并不是明智之举,反倒会使简单问题变得复杂。

关于视听作品说。该学说认为网页的构成要素虽然很多,但是包含有伴音和图像的活动影像是网页最突出表现的部分,甚至网页上的其他成分也可以包含在内,所以应当将其归类于视听作品。且不讨论网页的所有构成要素是否和构成视听作品的要素一致,或是能够包含其中,我们仅从"视听作品"这个词本身出发,分析将网页页面作品归类于视听作品的合理性。《著作权法》中并没有"视听作品"这个概念,虽然《著作权法》(修改草案)中已经明确规定将"电影作品和以类似摄制电影的方法创作的作品"修改为"视听作品",但是在对于视听作品的具体概念和范畴不明确的情况下,如果将"以类似摄制电影的方法创作"作为构成视听作品的必备要件,则网页作品的产生显然不符合这样的特征，所以网页也就显然不能归于视听作品名下。①

关于汇编作品说。《著作权法》第十四条对构成汇编作品的情形有明确的规定。该学说认为，网页作品本质就是搜集一些本身没有交集的分散的文字、图画等作品和非作品的材料信息，按照特定的构思将其技术性、艺术性地编排设计在一起，同时在互联网上以数字化的形式固定下来。因此从网页作品的形成过程来看它是完全符合汇编作品的构成特征的，将其归类于汇编作品是合理的。同时根据《世界知识产权组织版权条约》的规定，数据库或其他材料的汇编，无论采用何种形式，只要其内容的选择或排列构成智力创作，其本身就受保护。该规定也为将大量的材料组合而成的网页归类于汇编作品提供了正当性。

但也有反对此学说的学者认为将其认定为汇编作品不能完整有效地对网页提供保护。他们认为，汇编作品适用于对网站的整体保护，而对于单面网页来说就不适用。本文认为这是错误的理解，本文所讨论的网页就是单面网页。一个网站包含主页和各种不同的子页，其内容包含各种文字作品、视频、声音等，网站的独特之处就在于对这些内容的选择与编排，当然可以作为汇编作品受到著作权的保护。但是单面网页也包含着图片、动画、文字片段、作品标题等作品材料和非作品材料，网页页面的独特之处也在于对这些材料的选择和编排，同样符合汇编作品的特征，所以将网页归入汇编作品并无不妥。还有反对观点认为，汇编作品仅仅对素材的编排组合进行保护，

---

① 罗娇、冯晓青：《〈著作权法〉第三次修改中的相关权评析》，《法学杂志》2014年第10期。

但是对网页整体并没有起到保护作用,从而举出例子来印证这种意见。但是本文认为这种批评意见的前提都是错误的。汇编作品的保护范围不仅表现在对素材的编排组合上,而且也表现在对内容的选择上。如果对他人网页的内容进行抄袭,纵使是对这些内容进行了简单或复杂的重组安排从而凑成了一个“新”的网页页面,这个网页也不会受著作权保护,而会因抄袭他人网页内容的选择,侵犯原汇编作品权利人的权利。①

将网页页面作品划分为汇编作品,不仅因为网页构成符合汇编作品本身的构成特征,也因为可以依照汇编作品的保护模式,抛开对汇编的内容的考虑,对汇编人在汇编内容选取和编排上付出的智力劳动给予保护,进而保护汇编人在整体上对汇编作品的权利。且“汇编作品”在《著作权法》中已经有规定,网页作为新生事物被归于其名下,将避免以再创新的作品类型名目去解决网页页面作品权利归属的麻烦。随着信息时代的发展,类似网页这样的新生事物将层出不穷,都需要去界定其法律性质,明确其作品类型,如果每出现一个新事物就因为它“新”的特征创出一种新的作品类型,不仅会造成理论体系的混乱,也会使法律极不稳定。所以本文认为将网页页面作品定义为汇编作品是非常合理的。在司法实践中,法官直接在裁判文书中将网页页面作品定性为汇编作品也证明了这一点。②

---

① 黄霞:《网络著作权维权之困境——以网页抄袭为例》,《电子知识产权》2015 年第 12 期。

② 重庆太轮科技有限公司诉河南炉石文化传媒有限公司侵害著作权纠纷案,参见重庆市中级人民法院民事判决书(2015)渝五中法民初字第 72 号。

（二）网页的“版式设计”属性

上文讨论的网页页面著作权指的是权利人对网页页面构成的汇编作品所享有的权利，这个汇编作品包含了网页页面中对图画、文字等内容的选择和这些内容的编排方式以及页面结构。而这里我们仅仅讨论网页的版式设计是否应当受到著作权法保护的问题。抛开网页上的内容，网页版式设计主要是指网页的结构布局、栏目式样和分类、模块排列、色彩分配、字体的大小等。相比实实在在的网络页面来说，它更倾向于一种抽象的存在。①

分析一些法院判决可以看出，法官在审理、判决网页著作权纠纷案件时，并没有将网页整体页面和网页的版式设计区分开来。不管是针对网页页面整体或部分的文字、图像、视频等内容的组合的抄袭，还是仅仅针对网页在整体版式、栏目设置、背景颜色、栏目标题等版式设计方面的抄袭，法院判决理由都只是机械简单地套用了作品的两个构成要件，将“网页”视为著作权法保护的作品，从中我们可以判断部分法院是将网页的版式设计认定为作品从而对其进行保护了。当然也有法院判决将网页页面与网页的版式设计区分开来，认为网页的版式设计因不具备构成作品的基本条件，所以不能独立地对其赋予著作权保护。在青岛网星电子商务有限公司诉青岛英网资讯技术有限公司网页著作权纠纷案中，法院最终认为：“网页的版式设计通过文字、图形等要素的空间组合已取得良好的视觉表现效果，但是网页版式设计不能脱离了特定的文字和图像而独立存在，单独

① 闫春光：《网页版式设计能否受到著作权法保护》，《电子知识产权》2003 年第 2 期。

的版式设计不构成我国著作权法意义上的作品。同时认为在法律没有明确规定的前提下,不能对著作权邻接权的主体做扩大解释,不能当然的类比出版者对图书、期刊的版式设计专有权,而赋予其邻接权的保护。"①此种情形不同于法官可以凭借《著作权法实施条例》中对作品的定义和作品分类的兜底条款从作品的构成条件出发,因网页切合作品的实质特征,从而将网页归属于作品提供著作权保护。《著作权法》中对邻接权的权利主体、客体、内容的规定都是明确的,法院基于自己的立场和审判原则作出这样的判决也是不可置疑的。但在理论层面我们却不能以这样的司法判决作为一个标杆,作为一种不可置疑的定论从而认为网页版式设计不受著作权法的保护。理论界针对网页的版式设计是否应当受到著作权法保护一直以来都有争议。

反对网页版式设计受著作权法保护的观点除上述判决理由提到的之外,还有认为目前网页主页的设计主要是模块化设计,设计者一般都用一些常见的软件工具进行网页设计,而这些软件已经包含有预设的设计模板可供选择,从而使得目前很多网站的主页有共趋性。在颜色搭配方面,因为设计者在进行颜色设置时往往从人的视觉心理出发,同时参照中国人的欣赏习惯,选择并不多,所以说网页上真正有创造性的是精美的网上美术作品,保护网页的重点在于此而不是版式。版式设计想要受到著作权法保护必须得有较高的独创性。这个观点与其说是反对网页版式设计可受著作权法保护的观点,不如说是支持的观点,从这个观点中我们能提取的信息是大部分网页

① 冯刚:《试论 Internet 网页的知识产权保护——从中国首起网页侵权案谈起》,《信息网络安全》2007 年第 1 期。

版式设计都是模块化设计,基本都是对一些模板的重现,没有什么独创性,所以这类网页版式设计不能受到著作权法的保护,主要原因在于设计者没有付出独创性的劳动的考虑,这与著作权保护作品的标准是不符合的。进而提出网页版式设计要想有著作权法的保护需要较高的标准,即具有较高程度的独创性,所以并非网页版式设计不受著作权法的保护。

而支持版式设计可受著作权法保护的观点认为,网页的版式设计在整个网站中具有重要的信息传播及引导性作用。作为门面担当,它决定了网站对他人的吸引程度,体现了网站整体个性和技术性。网页的出现依靠设计者的智力构思。设计者充分发挥专业技术和艺术素养,设计出能更好传达网站主题信息并具有强烈视觉美感的主页,提高网页内容的表现效果,对网络用户产生强大的吸引力。一个精美的、非模式化的网页包含着设计者付出的大量的精力,利用软件工具所产生的模块化的限制不可避免,但只要是设计者独立创作的,不管创造性程度的高低,理应受到著作权法的保护。

分析上述两种不同的意见可以看出,其都是在网页版式设计能否提供著作权保护的问题上论述了自己的观点。本文认为,青岛网星著作权纠纷案法院判决理由中坚持的网页版式设计不是作品,不受《著作权法》保护,是值得肯定的,但否定网页版式设计可以作为邻接权受保护,这一点本文并不赞同。本文将从以下几点分析网页版式设计可受邻接权保护的合理性。

首先,书刊出版者的版式设计权作为邻接权的一种,之所以受保护是因为版式设计包含了设计者的智力劳动。书刊的版式设计,是图书、期刊出版过程中出版者进行编辑、设计、加工的智力成果。但版式设计本身不是作品,不能独立于作品单独存在。其作用是美化作品,吸引潜在读者的兴趣,增加读者阅读图书和期刊的愉悦感。网页的版式设计和书刊版式设计虽属不同概念,而且两者是版式设计在书本和网页不同载体上的不同应用,各自在载体上的表现形式可能会有差异,但是其产生过程包含着设计者的智慧和劳动,存在的意义在于美化载体,吸引潜在接触者的注意力等,这些都是相同的。与书刊的版式设计一样,网页的版式设计作为网页的组成部分,包含了设计者的智力成果,设计者对此投入了大量的脑力劳动,同时网站经营者为此也投入了一定的智力和财力,网页的版式设计体现了对网页上的所有构成元素进行的编排、加工和设计,也是为了对整个网页页面作品起到美化的作用,吸引网页浏览者的关注。出版者出版图书,也要对作品进行宣传,好让更多的人能够阅读到,图书的版式设计在这个宣传的过程中就起到了很好的辅助作用。网页作为信息传播平台的网络最基本的可视的组成部分,无疑也应被视为作品承载和宣传手段,网页的版式设计恰恰就是能更好地宣传作品传播者所投入的智力成果。综合以上论述,完全可以将网页版式设计权类比书刊的版式设计权提供邻接权进行保护。当然就像法院判决理由中论述的那样,《著作权法》规定的邻接权类型是确定的,任何人不能随意地对其进行扩大化解释,但是在确定了网页版式设计应当受到邻接权保护的情况下,怎样解决法律适用空白的困境,则是立法机关需要关注的问题。

其次,我们在确定了网页的版式设计不是作品从而不能提供著作权保护的情况下,对于设计者投入其中的智力和心血又该怎样保护呢?在现实中网页版式设计之间的抄袭现象普遍存在,不可否认的是网页版式设计确实决定了网页的个性特征和艺术美感，设计者根据一定的主题，发挥自己的艺术素养和专业技能，设计出完整体现网站独特个性和独特面貌的版式，从而将网页的各部分要素很好地编排在一起。而眼看自己的成果就这么随意地、免费地被他人利用，自然会认为这样的结果是不公平的。我们需要给网页版式设计提供一种保护，禁止他人在没有经过创作者同意的前提下擅自将这样的一种成果为自己所用，否则不仅是对他人劳动成果的不尊重，同时也会因不断的抄袭行为造成该网页版式设计普遍化从而削弱该网页的独特性，甚至会因此减少网站的浏览量。这些都在一定程度上证实了对网页版式设计提供保护的必要性。至于具体需要怎样一种权利名目去保护，还需要根据其自身的特性，具体分析到底赋予权利人什么样的权利才能更好地进行保护。网页的版式设计作为网页页面这样一种智力成果的一部分，同时自身又包含了一定的智力投入，对其提供邻接权保护就能很好地解决目前不能被充分保护的难题。

最后，有人认为既然已经把网页页面作品作为一个汇编作品来进行保护，《著作权法》对汇编作品的保护体现在对于汇编材料的选择和编排所表现的独创性上，那么对于网页页面作品的保护也应当是对网页页面包含的材料的选择和编排设计的保护。也就是说对网页页面作品的保护包含了对网页内容的编排的保护，而网页的版式设计主要是指网页的布局安排，这样是不是就意味着对网页页面作品的保护包含了对网页版式设计的保护，再对网页版式设计进行保护就很不必要。本文认为这里所说的重合是不存在的，网页内容的编排和网页的布局结构是不能等同的，它们虽然都属于抽象的排列问题，但是排列组合的对象是不一样的。而且实践中单纯抄袭网页的版式设计,而不涉及网页的一点内容的情况不在少数。鉴于一些复杂并有强烈视觉美感的网页版式设计自身所包含的价值及其在整个网页页面中所起的作用,如果放任这样的情况一直“正当”地持续下去,对于被抄袭的网站来说是不公平的。如果能够对网页版式设计提供邻接权上的保护就能很好地解决这样的问题。

(三)网页著作权保护的现实意义

首先,由网页自身条件和产生过程决定,对网页提供著作权保护符合著作权法的立法宗旨和目的,保护权利人对网页作品和网页的版式设计的相关权益,鼓励网页设计者的创造积极性,促进网络技术的发展和网络产业的繁荣。权利人对网页作品享有著作权就意味着权利人可以自由行使著作权这个权利集合体中包含的所有权利,不受他人的干涉。更重要的是可以禁止他人不经过权利人授权就私自对其作品进行复制或者发行,防止权利人的利益被侵犯,同时,在权利受损的情况下可以请求法律的保护。权利人享有网页版式设计权,同样意味着权利人对其网页版式设计享有专有权,授权他人使用或进行排他使用,以防他人擅自大量使用其版式设计从而淡化网页的独特性。

其次,对网页提供著作权保护可以弥补对网页剽窃、克隆现象寻求反不正当竞争的单一保护。现实中很多的网页抄袭行为都抱着一种商业目的,为了借助其他企业的名牌效应和影响力,扩大自己商品的市场占有率,模仿其他企业网站,使消费者产生混淆,有时候还会影响其他企业的信誉。这种情况下,受害者一般会以被告实施不正当竞争行为对自己造成侵害为由请求权益保护。尽管《中华人民共和国反不正当竞争法》(以下简称《反不正当竞争法》)针对此类模仿网页整体外观的行为没有具体的规定,也不能将其归类于现有不正当竞争行为的任何一种类型,但还好法官能够根据不正当竞争行为的构成要件的理论学说来支持受害者的请求。但是仅仅有这种保护还是不彻底的,《反不正当竞争法》对网页提供的仅仅是一种间接的保护,对网页提供著作权法上的保护是对网页本身最直接的保护。当一方网页确实存在对他方网页的抄袭行为时,不需要分析模仿网页是否符合不正当竞争行为的构成要件,而是可以直接依照《著作权法》赋予权利人对网页作品所享有的复制、发行和保护作品完整等权利,保护邻接权人对网页版式设计的专有权。

最后,对网页提供著作权法上的保护,在实践中不仅可以解决单一的网页克隆、剽窃、模仿等侵权行为,同时也能够解决一部分网络现象背后所隐藏的法律问题。如:搜索引擎所提供的“网页快照”“网页预览”等服务的背后是否存在网页侵权行为?如果是存在哪些侵权行为?都可以在对网页页面作品提供著作权保护的前提下,一步步去分析其背后所隐藏的各种法律问题。所以说,在网络飞速发展的今天,在互联网整个体系内出现的各种新鲜事物各自和相互之间所包含的技术性和复杂性,使法律(特别是《著作权法》)难以及时地对其回应。网页作为网站的最基本的单位,对网页自身法律性质的解决,只是解决这些问题基础性的一步,只是作为一个引导去层层解决与之类似或是相关的其他问题。

三、网页的著作权归属

（一）网页页面作品的著作权归属

1.关于网页页面作品的权利归属的争论

网页作为时代发展产生的新事物，本身存在于虚拟的网络环境中，其产生过程的复杂性等决定了网页页面的权利归属的特殊性。网页本身的特殊性除上文提到的交互性强（网页浏览者可以根据自己的需求变换网页的显示画面）外，还表现在，从网页的制作过程或维护过程来看，这中间需要大量的人员参与。有观点主张，按照网站经营者（即所有者）与参与网页制作和维护的人员之间的关系，即职务关系、委托关系、合作关系等，分别按照职务作品、委托作品、合作作品等来确定网页的著作权归属。且不说因参与人数多而引起关系的复杂性，以及造成现实操作的复杂和不可能，即使网站经营者与对方是一对一的关系，按照这样的方法确定网页作品著作权的归属也是不可行的。首先，按照职务作品的确权标准，根据《著作权法》第十六条第一款之规定，如属一般职务作品，著作权归作者所有，即归网页设计者或维护者所有，网站经营者仅仅有两年的优先使用权，之后将没有任何权利。网站经营者本以网页作为宣传自己产品或信息的平台，然而对网页却没有完全控制权，仅享有使用的权利，不能干涉作者对网站的复制、修改等行为，一定期限之后也不能禁止作者将网页著作权转让给其他网站经营者，这样的尴尬处境表明按照职务作品的确权标准根本行不通。其次，分析委托作品的确权标准，考虑到上述网站经营者面临的尴尬处境，这种情形下，网站经营者和网页设计者也更愿意约定著作权归于网站经营者所有。再次,如果将网页作品视为合作作品,且不说网页是否能构成合作作品,按照合作作品的归属原则,根据《著作权法》第十三条之规定,网页作品著作权的行使将陷入更加混乱的局面,因考虑到网站经营者对网页现实、迫切的完全控制的需要,对网页作品著作权的权利行使方式的协商结果,如果不是由网站经营者独占享有,同样会面临按照职务作品的确权标准而出现的尴尬处境。

2.网页页面著作权直接归属于网站经营者

我们在讨论网页页面作品的类型时将其归类于汇编作品而非视听作品,但考虑到网页创作与维护参与人员众多,这恰好与视听作品的产生特点相类似,如一部电影的产生,这其中不仅需要制片人的巨额投资,还需要剧本、音乐等脚本,也需要导演、摄影师、服装设计、道具制作、灯光、布景及饰演各种角色的演员。网页页面的产生包含了网站经营者的大量投资,还有网页的设计人员、网页的维护人员、网页上内容的上传者等,是他们共同的努力才使网页最终得以呈现在网络用户面前。根据《著作权法》的规定,导演、作曲、编剧等作者对电影作品享有署名权,除此之外,著作权的其他权利由制作电影作品的制片人享有。这是在智力创作者和组织巨额投资的自然人和法人双方利益之间寻求平衡的结果。这样既照顾到投资者巨额资金后收回成本的问题,也考虑到了创作人的权利维护问题。借鉴此类视听作品的著作权确权方法,可以将网页著作权直接归属于网站经营者享有。

将网站经营者作为网页页面作品的权利人,不仅是以网页页面作品和电影作品类比得出的结果,这样的规定在现实操作中也能解决很多问题。在中国裁判文书网上以“网页著作权”为关键词进行案例搜索发现,大部分的案例都会在判决中分析网页著作权的归属问题,要么是直接根据网页上的版权权属标志来确定原告对其网页作品的著作权,要么就是根据委托作品的原则,根据合同的规定来确定网页页面作品的权利归属,而合同也基本都将该权利归于网站经营者的名下。之所以出现这样的情形是因为网站经营者只有完整地享有了网页页面作品的著作权才能更好地行使其对网页或是网站的所有权。网站经营者经营网站的目的就是想借助网站平台,凭借网页去展示或传达自己想要传达的信息,从而获取自己的利益。因网络环境下的竞争激烈,每个网站在追求平台的独特性和有效性上都付出了大量的努力,网站首页作为整个平台的门面或综合性导航,就承担着这样的责任。但往往在现实中,有些人为了各种不正当的目的,没有经过权利人的同意去剽窃或复制该网页作品,不尊重他人劳动成果,甚至造成对整个网站的独特性的混淆和淡化,侵犯了权利人的利益,更重要的是与网站经营者的追求背道而驰。如果直接将对网页页面作品的权利归属于网站经营者,那么网站经营者不但能够根据自己的需要行使对网页页面作品的所有权利,同时也可以为了维护自己网站的利益去主张他人行为侵权,寻求法院的保护。更重要的是在将网页页面作品权利归属于他人无意义的情况下,免去了每次都要网站经营者和网页设计者、维护者等通过合同来解决权属问题的麻烦,从而在实践中避免有关此类问题的纠纷。

(二)网页版式设计的权利归属

由于网页版式设计内在所包含的智力创作过程,以及其在整个网页作品中所起到的美化和作为宣传门面等所起的作用,网页版式设计可作为邻接权的客体,受邻接权保护。类比与之特别相似的书刊的版式设计,出版社对书刊的版式设计享有专有权,网页版式设计专有权也应归属于网站经营者。尽管网页的版式设计者投入了自己的智力劳动,但是也获得了相应的报酬,且从根本来说,它是网页页面作品的一部分,不能脱离作品而独立存在,设计者设计出来的这个成果最终还是要为网页页面作品或网站服务。网站经营者建设网站的初衷在于借助网站这个平台宣传自己的产品和服务,吸引更多人的关注,因此愿意投资更多的财力和物力在网页的版式设计上,网页版式设计应不限于仅仅追求其功能性,精心设计的网页带给人的视觉享受能吸引到更多的访问者,这也是网站经营者首要追求的。而由于网络技术的发达,网页版式设计复制的容易性、低成本,网页版式设计的抄袭已经达到泛滥的地步,自己花钱打造的一个招牌,却被别人免费使用,当然需要有权利名义去主张自己的权利,这就需要赋予网站经营者一个邻接权人的资格,以便于其主张自己的网站设计专有权。

四、网页著作权的权利限制

著作权人以外的任何人使用享有著作权保护的作品,按照著作权的性质,应当取得著作权人的许可,并向其支付费用。然而,为了使社会利益和个人利益达到一种平衡的状态,各国著作权法都毫无例外地对著作权作出了一定的限制。著作权法规定了两种制度:一种是合理使用,另一种是法定许可。这两项制度毫无例外地适用于网页页面作品和网页版式设计。

（一）合理使用

合理使用是指在符合一定的条件的情况下不需要经过权利人的同意，也不需向其支付报酬而使用他人享有著作权的作品，此时仍应尊重著作权人的人身权利。合理使用制度是对著作权进行限制的最重要的一种形式。这一制度是对著作权法保护作者和其他著作权人的利益并促进知识和信息广泛传播双重目的最好的诠释。各国著作权法虽然对合理使用制度的具体规定不一致，但总的来看都用列举的方法规定了构成合理使用的几种行为，如批评、评论、新闻报道、教学、学术和研究等性质对作品的使用构成合理使用。从《著作权法》第二十二条的规定来看，我国也是采用肯定列举的方式，列出了 12 种具体的合理使用的行为，鉴于该条是针对传统作品一般环境下的使用，在此基础上，在《信息网络传播权保护条例》中又进一步具体列举了在网络环境下构成对作品合理使用的几种行为。但是在具体涉及合理使用判断的著作权案件中，不能简单地以该种行为是否被列入法律列举的有限的几种行为中，就直接判断其是否属于合理使用行为。这种肯定式列举方法本身就对判断某种行为是否属于合理使用行为的范畴造成了很大的局限性，而不断更新发展的技术对作者和相关权利者与社会公众之间利益平衡的破坏，强烈要求打破法律列举式规定所造成的这种局限性。所以各国在司法实践中，对于合理使用的构成在列举范围之外不断寻求突破，试图改变列举方法本身所有的僵化和局限，争取找到一种判断合理使用的方法和标准。[①]但《著作权法》对此并没有规定，这就对司法实践中判断合理使用行为造成了阻碍，即使《著作权法实施条例》第二十一条的规定可以作为合理使用的判断标准进行司法适用，但是依然不可能凭借这个下位法的原则规定，去论证因技术革命所造成的上位法具体规定的落后或是不合理。所以将合理使用的判断原则和标准上升为法律规定，将原则性规定和具体规定同时并用，从而明确现实中存在的各种合理使用行为，对促进整个社会文化艺术的发展有重大的意义。

提到合理使用的判断原则和标准，就不得不提在世界范围内有着广泛影响的美国著作权法中关于合理使用的四项标准，即是否具有商业性或具有非营利性的教育的目的，与享有著作权的作品相比使用的质和量，享有著作权的作品的特性，对于享有著作权作品潜在的市场和价值来说所具有的影响。一种行为是否符合合理使用不要求对这四项标准同时进行考虑，具体的案件处理中应当具体分析，这些对《著作权法》有一定的借鉴意义。

互联网时代一直本着“自由”“开放”“共享”的理念不断地往前发展，为的就是使信息快速传播和共享。在这样的环境下，如果对著作权过多地保护，反而不利于互联网的发展，同时也与知识产权法鼓励创新、促进发展的目的相违背。网页作为网络环境中的产物，判断网页的合理使用应当建立在这样一种指导思想下：不仅要保护网页著作权和网页版式设计权权利人的合法权益，同时也要充分考虑网络环境的自由性和开放性。所以，在依照法律一般规定的前提下，对

---

① 阮开欣：《网页快照著作权问题探究——美国的司法实践及借鉴》，《电子知识产权》2010年第6期。

于网页著作权和邻接权权利限制还需要进一步明确。

（二）临时复制

为了顺应网络新技术的发展和社会利益的需要，有必要对复制权进行额外的限制，主要针对临时复制现象。《著作权法》并没有对复制权中的复制行为进行具体的解释，根据《伯尔尼公约》第九条对复制行为的解释，复制行为包括以任何方式和采取任何形式的复制。所以复制行为包括永久复制和暂时复制。在网络环境中，临时复制是计算机网络空间出现的一种暂存作品和短暂再现作品的现象，网络环境中存在大量的网页临时复制现象，这种复制是暂时的、自动的、不受计算机操作者意志所控制的。所以，临时复制并不会对权利人造成损害，其是网络空间利用和传播作品所必需的，如果将临时复制也划入到权利人复制权的范围内，就在很大程度上限制了整个国家互联网产业的发展。临时复制行为是否受著作权人复制权的限制，一般是由国家现实和战略政策决定的，目前我国互联网水平处在发展中阶段，处于促进互联网新兴科技快速发展期，所以没有对临时复制行为进行限制。①

（三）网络创作中的使用

在信息共享的时代，设计者在建网站的过程中，有时免不了会根据自己想要做的外观找一些相关性的网站模板来进行修改，这样不仅节省时间，同时也能对相同或类似行业的网站进行了了解或参考，

① 李永明、叶慧霖：《网络著作权若干问题研究》，《浙江大学学报》（人文社会科学版）2001 年第 6 期。

因为著作权法保护著作权的目的在于鼓励创作、促进整个社会文化的繁荣，所以这种对他人作品的借鉴，以及在他人作品的基础上进行再创作的行为，不构成对他人作品的侵权。

五、网页侵权的问题

（一）明辨侵权行为和侵权责任

不仅在网页侵权的背景下，而且在整个侵权法的领域，都要明确区分侵权行为和侵权责任的关系以及两者之间的不同。一般在教科书中，讨论最多的就是侵权责任的概念和构成，而侵权行为则没有受到很大的重视，这就造成了侵权行为和侵权责任适用的混乱。著作权侵权与传统的侵权相比有其特殊性，其在理论上或在实践中对传统的侵权行为和侵权责任造成一定的冲击。暂且不讨论我国整个民法中侵权责任理论的缺陷，在讨论网页侵权的背景下，应该首先厘清之前的混淆状态。

1.侵权责任以侵权行为为前提

承担侵权责任的前提就是有侵权行为，无侵权就无责任，侵权责任的认定归根结底建立在有侵权行为的基础上，结合过错和因果关系，使责任人承担相应的责任。所以在司法实践中，法院不能一方面认定不存在侵权行为，另一方面又判定其承担侵权责任。① 但是反过来我们也应认识到有侵权行为不一定有侵权责任，认定侵权责任还需要结合其他的构成要件。

---

① 英特莱格公司诉可高(天津)玩具有限公司等侵犯实用艺术作品著作权案，参见北京市高级人民法院民事(2002)高民终字第279号判决书。

2.侵权责任的构成不等于侵权行为的构成

著作权侵权行为的构成要件关注的是在何种情况下某一种行为构成侵犯著作权的行为。在著作权领域,从相关的法律中可以看出,基本所有侵犯著作权的行为在著作权法中都有规定。①《著作权法》第四十八条明确列举了侵犯他人著作权和相关权利的 8 种行为。所以说只要行为人实施了法律所禁止的侵犯著作权的这几种行为,就应当认定为侵权行为,至于是否追究其停止侵权或是损害赔偿的侵权责任,则应当具体按照侵权责任的构成来认定。著作权侵权责任的构成要件指的是认定侵权人的侵权责任所需要的构成要件,此时不仅需要侵权行为的存在,还需要结合行为的过错、损害结果、因果关系等因素,在具体的侵权行为下,具体认定应当承担侵权责任的类型。

3.不同的侵权责任决定了构成要件的不同

《侵权责任法》第十五条规定了 8 种承担侵权责任的方式,包括停止侵害,排除妨碍,消除危险,返还财产,恢复原状,赔偿损失,赔礼道歉,消除影响、恢复名誉。所以不能"一刀切",不能不加区分地认为侵权责任的构成要件采用"四要件",即过错、侵权行为、损害后果、因果关系。一些学者主张把大陆法系民法理论中的物权请求权引入著作权的制度中②,同时将著作权侵权行为产生的请求权分为物权请求权和债权请求权。物权请求权对应的侵权责任类型包括停止侵害、排除妨碍、消除危险、返还财产等,对于这些责任的承担不要求行为人有过错,而债权请求权对应的赔偿损失责任则要求侵害人存在

① 梁平、刘宇晖:《论知识产权侵权行为的归责原则》,《河北法学》2006 年第 3 期。
② 张农荣:《侵权行为归责原则及侵权责任构成辨证》,《电子知识产权》2000 年第 6 期。

过错，所以在司法实践中，如果侵权人违反《著作权法》，实施了侵犯著作权的行为，在符合其他条件且不考虑行为人是否存在过错的情况下，可以直接判定侵权人停止侵权，但是如果在权利人主张赔偿损失的情况下，还要进一步认定侵权人是否存在过错。[①]

（二）区分直接侵权和间接侵权

教唆和引诱他人侵权或者故意帮助他人侵权和直接侵权的预备行为以及扩大侵权后果的行为是间接侵权的典型形态。[②] 互联网技术的发展使著作权法保护的作品能够广泛传播，虽然直接实施侵权行为的一般是网络用户，但是基于网络服务提供者与用户之间的特殊关系，在符合一定的条件下，也应当追究网络服务提供者的责任。[③]《侵权责任法》中就对网络服务提供者的连带责任进行了规定。在著作权侵权理论中区分直接侵权和间接侵权，对于在司法实践中侵权责任主体的认定和侵权责任的承担是有重要意义的。两者的归责原则不同，对于直接侵权来说，适用无过错归责原则；对于间接侵权来说，适用过错归责原则。[④]

1.直接侵权以无过错为归责原则

著作权保护的客体具有无形性，其需要借助一定的载体去传播，在现实中权利人对自己这样一项私有财产是很难进行有效控制的，基于这样一种特殊的属性，侵权行为有难以控制性和多发性，著作权

---

① 梁平、刘宇晖：《论知识产权侵权行为的归责原则》，《河北法学》2006年第3期。

② 王迁：《网络版权法》，中国人民大学出版社，2008年，第132页。

③ 王迁：《搜索引擎提供“快照”服务的著作权侵权问题研究》，载王迁的新浪博客。

④ 郎贵梅：《论知识产权侵权行为认定和责任确定的制度设计——兼论过错在知识产权侵权行为认定和赔偿责任确定中的意义》，《法律适用》2004年第1期。

作为一种智力成果,本身融合了权利人巨大的财务投入和智力投入,有的侵权行为可能给权利人造成难以估计的损失。鉴于此,如果仅仅以直接实施侵权行为的人没有过错就不让其承担侵权责任,这对权利人来说是不公正的,是对权利人利益的侵害,很大程度上挫伤了权利人创作的积极性。这与我国保护著作权的初衷是相违背的,所以说在行为人直接实施了侵犯著作权保护客体的情况下,不问行为人是否存在过错,均应当让行为人承担侵权责任。①

2.间接侵权以过错为归责原则

间接侵权指间接侵权人与著作权保护的客体不直接接触,但是却为直接侵权行为提供便利条件,促使了直接侵权行为的发生。因为在间接侵权行为人和著作权保护的客体中间存在着直接侵权人,所以对间接侵权的归责标准应当比直接侵权的归责标准要低,应当使用过错归责原则。这一点在理论界和司法实践中是基本没有异议的。② 间接侵权主要分为辅助侵权和替代侵权两种,辅助侵权要求间接侵权人对直接侵权人的侵权行为有所知晓,这种知晓是可以推定的,这就构成了辅助侵权的过错。辅助侵权人通过一定的作为或是不作为对直接侵权行为起到了辅助作用。可以认为辅助侵权讲究的是间接侵权行为与直接侵权行为之间的关系,而替代侵权注重的则是间接侵权人与直接侵权行为之间的关系。随着互联网的发展,网络侵权行为频发,要想网络服务提供者承担责任,必须要证明两点:第一,网络服务提供者有能力或权力控制直接侵权人的行为;第二,

---

① 周春慧、杨华权:《3B大战中涉及的网页著作权分析》,《电子知识产权》2012年第11期。

② 孔得建:《搜索引擎下网页预览的著作权问题研究》,《东南大学学报》(哲学社会科学版)2012年第S1期。

网络服务提供者从直接侵权行为中获取了经济利益。总之,要对间接侵权人进行归责,必须认定是否存在过错,只有在存在过错的情况下才应当承担侵权责任。① 至于过错的认定,则不在本文讨论范围之内。

(三)认定网页侵权行为中应注意的问题

考虑到网页页面作品和网页版式设计作为因计算机技术和网络技术的发展而出现的新事物,与一般的作品和书刊版式设计相比,有自身的特殊性,所以在具体的司法实践中,对网页剽窃的判定除要遵循上述一般的侵权判定标准,在具体的标准之中甚至标准之外还有其他需要特别注意的地方,我们主要就下列几个涉及侵权判定的具体问题进行讨论。

1.网页页面“汇编作品”的侵权认定

(1)“思想/表达”二分法的应用

世界各国确定著作权法的保护范围都采用起源于美国的“思想/表达”划分方法,具体指著作权不保护作品中抽象的思想,只保护作品中的原创表达。这个理论虽然在历史上源远流长,但是因为在现实中思想和理论的划分界限不很明显,所以其在具体的案例中,不是作为判断某个作品或作品某部分是否享有著作权的标准,更多的是用来判断被告作品对原告作品的借鉴是否超出了不合理的界限,构成了对原告作品表达的盗用。在美国,在有关互联网网页的案件中,该划分方法用得不是很多,但是在与互联网网页有很多相似性的计

① 张玲玲:《网页快照提供行为的著作权侵权判定——兼评〈最高人民法院关于审理侵害信息网络传播权民事纠纷案件适用法律若干问题的规定〉第五条》,《知识产权》2014 年第 4 期。

算机用户界面的案件中,“思想/表达”的划分方法却得到了充分应用。同时还衍生出处理该种案件的两种不同的方式,分别被称为“总体概念和感觉”方式、“分析剥离”方式。《著作权法》中虽然没有关于“思想/表达”划分方法的明确规定,但因为我国加入的 TRIPS 协议,即《与贸易有关的知识产权协议》中有明确的规定,所以司法实践中法院也可以直接引用该协议的有关内容,区分不受保护的思想和受版权保护的表达。

近年来在关于互联网网页著作权的案件中,“思想/版权”的划分方法越来越显示出其复杂性和重要性。在很多网页著作权纠纷案件中,被告多以“思想/表达”二分法理论,即著作权仅保护表达而不延及思想的理论来进行抗辩,在“瑞得在线主页”案中,被告辩称被诉侵权网页在菜单、构图、标题等方面虽然和原告的网页相似,但是这些元素应该是处于公共领域不受保护的思想,因其在互联网行业中已经被广泛采用。法院没有支持该抗辩理由,是因为这些元素虽然处于公共领域,但是其组合仍然具有独创性,所以仍然受到《著作权法》保护,判决被告构成侵权。但是在“创联”①案中,法院在判定是否构成网页著作权侵权时分析指出,两个争议网页之间相似的组合和结构基本上是由双方当事人所从事的行业的相同性质决定的,或者早已在业界成为广泛采纳的标准模式,实质上却并不相似。也就是说除掉处于公共领域部分的行业标准——不受著作权保护的思想,两个网页并不属于相似网页,不存在侵权情形。

仔细分析以上两个案例,法院并没有严格区分网页页面作品和

① 北京创联通信网络有限公司诉北京汇盟国际商务咨询有限公司,参见北京海淀区人民法院民事判决书(1999)海知初字第 112 号。

网页版式设计两个不同的权利客体，案件实质相似的部分均是网页的版式设计，应当在作为邻接权网页版式设计权的范围下讨论是否构成网页版式设计权的侵权问题。但是“思想/表达”的划分理论在判断是否构成网页页面作品侵权的案例中，有着重要的意义。[①] 暂且不管以上案例中法官对于网页页面作品和网页版式设计的定性错误问题，总之，他们都是在将其看作“作品”的基础上进行判决的。分析后发现，他们作出判决的依据基本上可以看作是对“总体概念和感觉”方式和“分析剥离”方式的分别应用。本文认为将后一种方式应用在处理网页抄袭侵权案中更为合理。法院在处理互联网等新兴产业的案件时，因为互联网的发展在整个国家的科技发展中所占的重要地位，所作判决不仅要保护权利人的正当利益，也要充分实现网络效应，促进经济发展，最终提升用户的福利。所以在判定被诉侵权网页与原告网页是否构成实质性的相同时，应当先排除属于思想和与思想密不可分的独创性表达部分，再比较其他方面是否构成实质性的相似，从而在此基础上结合其他因素来判断是否构成侵权。

(2)“独创性”无高低之分

“独创性”是作品受著作权法保护的关键要素，但是对于作品，独创性要达到一个什么样的程度才受到著作权法的保护，并没有明确规定。所以在著作权保护方面也没有根据作品创造性的程度作出区分，而是一视同仁地给予著作权保护。有学者认为，独创性的高低直接决定了作者对作品付出心血的多少。独创性高的作品凝结了作者大量的脑力劳动甚至是体力劳动，当然也离不开大量的资金支持。

---

① 刘家瑞：《互联网页版权保护范围的法经济学分析——谈“思想/表达”划分与网络效应的关系》，《知识产权》2006 年第 6 期。

相反,独创性低的作品,作者付出的就少得多,如果就这样不加区别地给予同样的保护,与著作权法本身所承载和追求的公平正义是相违背的。所以在网页作品侵权案件中,应该根据独创性的程度,对于剽窃的侵权标准作出区分。对于独创性高的网页,它的保护范围不仅能延及与之相同的网页,同时也能针对与之相似的网页,而独创性低的网页,则仅仅能针对与其相同的网页,而面对与之相似的网页就无能为力了。[①] 本文对此论断持相反的态度,有无独创性是作品是否受著作权保护的门槛,具备独创性就具备了受保护的资格,就拥有了法律赋予著作权人的所有法定权利,只要具备了独创性,在法律上受保护的程度就没有高低之分。如果类比《中华人民共和国商标法》对驰名商标和非驰名商标的区别保护,进而对著作权的保护也进行保护程度的高低区分,不管是在理论还是在司法实践中都是不可行的。

2.网页版式设计权的侵权认定

网页的内容不同,仅仅是与他人网页在结构布局、栏目设置、背景色彩、字体设置等方面的版式设计的相同和相似,在这种情况下,我们也不能肯定说其一定构成对网页版式设计权的侵权,应当具体问题具体分析。

首先,虽然“思想/表达”划分方法是适用于“作品”的理论方法,但是上文所提的“创联”案中网页的结构布局属于行业标准,处于公共领域,不应当受到保护,因此不能禁止他人使用相似的网页结构布局。这就给我们以启示,如果两个争议网页的版式设计出现相同或相似的情况,而这种相同或相似是由行业标准或造成其处于公共领

① 薛虹:《改革与新思维——网站知识产权问题的解决方案(下)》,《电子知识产权》2003 年第 3 期。

域的其他因素决定的,则不构成侵权。对于书刊的版式设计来说,这种情况可能很少出现,但是对于网页版式设计来说则可能更为常见,这与国家鼓励互联网发展的政策及互联网本身的技术限制和发展趋势有关。

其次,一般认为著作权法之所以保护邻接权,是因为传播作品者在传播过程中加入了自己创造性的劳动,改变了原有作品的表现形式,所以应当受到保护。与其他邻接权不同的是,图书版式设计或网页版式设计作为一种邻接权,需要一定程度上的独创性才得以产生,不像表演者权、录音录像者权和广播组织权被保护的正当性更多的是强调对传播者纯粹的传播行为和相关利益的保护。网页版式设计的独创性体现在对网页的结构布局、模块设置、栏目设置的形状和分类、色彩搭配、字体大小等元素的安排。其判定是从形式到思想的反向认定过程,通过对版面布局元素安排的具体考察,观察其中是否包含设计者的智慧和智力型劳动。这种独创性也需要在个案中具体分析,它必须具备一定程度的差异性,不能造成对他人版式设计的复制。复制即一模一样,由此可以得出,如果被诉网页的版式设计与原告网页的版式设计完全相同,就可以认作是对他人网页版式设计的复制抄袭,构成侵权。问题就在于,如果两争议网页版式设计不完全相同,仅仅构成相似,是否认定为侵权。如果认定为不侵权,就会将为了不正当目的抄袭他人网页版式设计同时又为掩人耳目对他人版式设计稍加修改的大量行为合法化,这样并不利于保护网页版式设计权利人的利益,反而会鼓励他人以这样的行为去达到不正当的目的。虽然受网络技术和网页版式设计本身多样性的限制,不排除两个都具有独创性的版式设计会出现相同的部分,但如果两个网页相似度非常高，只有很少部分表现得不一样，或者网页版式设计本身具有很高的独创性，其中利用了相当复杂的网络技术，体现了设计者极大的艺术创造性，在这些情况下出现的相似的网页，也应当认定为侵权。

六、网页著作权的立法现状及其完善

我们在享受网络的普及和信息技术的发展带来的各种便利的同时，也要面对其带来的各种各样的问题。数字环境下很多问题都不能用传统的法律法规解决。如《著作权法》中，对著作权客体“作品”类型的规定，对著作权限制制度合理使用、法定许可的具体规定，在面对新的网络环境时就略显滞后。目前网页抄袭现象的泛滥、网页预览行为和网页快照等新型现象是否侵权的认定问题，都需要找出对应的法律法规去分析这些现象的性质，而新问题与旧制度之间的尴尬局面就需要法律及时对这些问题作出回应。

（一）关于网页著作权的立法现状

《著作权法》第三条用列举的方式阐述了著作权的客体“作品”的类型，主要包括文字作品，口述作品，音乐、戏剧、曲艺、舞蹈、杂技艺术作品，美术、建筑作品，摄影作品，电影作品和以类似摄制电影的方法创作的作品，工程设计图、产品设计图、地图、示意图等图形作品和模型作品，计算机软件，最后还用法律、行政法规规定的其他作品作了兜底条款。从中可以看到，法律并没有规定网页作品的情形，但最后一个兜底条款，就为网页页面可构成作品受《著作权法》保护提供了可能性。根据《最高人民法院关于审理涉及计算机网络著作权纠纷案件适用法律若干问题的解释》第二条之规定,“在网络环境下无法归于著作权法第三条列举的作品范围,但在文学、艺术和科学领域内具有独创性并能以某种有形形式复制的其他智力创作成果”,受人民法院保护。这应该算将符合一定条件的网页认定为《著作权法》保护的“作品”最明确具体的规定了。在司法实践中,法官也都会直接引用,但是该司法解释在《最高人民法院关于审理侵害信息网络传播权民事纠纷案件适用法律若干问题的规定》出台以后,也相应地失去了效力。所以,目前司法实践中认定网页的“作品”属性都是根据《著作权法实施条例》第二条关于作品的定义的规定,根据网页自身所具备的“作品”属性,从而对网页作品提供著作权保护。基于目前立法空白的尴尬境地,对网页作品是否构成汇编作品或其他作品类型、网页版式设计是否受到著作权或邻接权保护等问题,理论界各执一词,司法实务中避而不谈,这是一种不正常的现象。这些问题凸显出法律的滞后性,现实中已经不能单单通过法律的下位法或各种司法解释来对出现的一个个问题作具体的规定。互联网的强势普及、来不及反应的更新速度、新生事物的不断出现已经是大势所趋,应急性地对一个从未出现的问题进行解决,出台一个行政法规或司法解释是不能解决问题的。如果都遵从临时性司法解释这样的思路,问题不仅不能够得到解决,反倒会使关于网络环境下著作权问题的法律规定杂乱丛生,不成体系,所以有关这方面的原则性问题,需要在法律中作出明确的规定,而具体的实施细则可以在下位法中规定。

（二）立法建议

《著作权法》可以说是知识产权法领域内变动最为频繁的一部法律，它与一个国家甚至是整个国际环境的文化发展息息相关。从国际环境来看，发达国家基于自己国家利益的考量，会不断向我国提出有关著作权利益分享和协调的新要求，加之国内的文化产业也处于不断发展的过程，这些都会对《著作权法》提出新的要求。目前对《著作权法》的第三次修订就是国际环境和国内发展共同要求的结果，当然最终还是为了提升著作权创造、运用、保护和管理水平的需要，推动社会主义文化大发展大繁荣。从公布的《著作权法》（修改草案）来看，这次修法的一个重要方面是及时回应网络技术的发展趋势，比如扩大复制权的范围，将数字化等形式纳入复制的范围，规定计算机程序的合理使用，新增网络服务者的侵权责任等。从草案内容来看，对网页著作权的问题并没有明确作出规定，但是值得一提的是，草案中明确规定了作品的定义，将《著作权法实施条例》中关于作品的定义上升为法律条文，并结合作品的类型，从抽象和具体两方面入手，更为准确地界定了著作权法意义上的"作品"。随着科学技术的不断发展，新的作品类型不断出现，对每一种作品都作出规定是不可能的。网页页面作品作为新的作品类型，是可以从法律条文作品的概念出发，通过分析其是否符合作品的构成要件，将符合条件的网页页面纳入著作权保护的"作品"范围内的。[①] 网页页面作品除了表现出与一般作品相比的特殊性，加上其符合汇编作品的特性，还不足

① 高鹏友：《网页构成著作权法上作品的认定标准研究——兼论〈著作权法〉送审稿第五条》，《中国版权》2016年第2期。

以在作品类型中作为一种独立的类型单列。因为科学技术的发展,以后出现类似网页页面作品这种新型“作品”的可能性很大,等类似的这些新生事物的出现达到一定程度之后,可能会创造出一个新的作品类型,将其全部囊括。

至于对网页页面作品的归属的规定,鉴于其特殊性,其虽然性质上属于汇编作品,但与一般的汇编作品的权利归属原则却不一样,所以应该在汇编作品的部分作出特别规定,将网页页面作品的著作权直接归属于网站经营者。

网站经营者对于网页版式设计的专有权,作为邻接权的一种新的类型,应当在邻接权的一章增加一条关于网页版式专有权的规定,类比书刊版式设计,规定为网站经营者有权许可或者禁止他人使用其网页的版式设计。至于保护期限问题,是否需要规定比书刊的版式设计更短的保护年限或是与其一致,有另外探讨的必要性,在此不作论述。

当然除了这些法律法规,还需要对一些细节问题,在配套的行政法规和相关的司法解释中作出具体规定。不管最终的规定如何,本文认为基于我国目前对于网页著作权等类似新问题的立法现状,完善这方面问题的立法应该遵守下面的原则:第一,增强法律的前瞻性和预见性,使用更原则性的表述;第二,调整法律位阶,使之成体系。希望在此原则的指导之下,法律对现实中出现的新的挑战能够作出完整的回应。

参考文献

[1]范晓宇,王芬宇.论版式设计专有权的侵权及其认定[J].中国出版,2011(17).

[2]谭筱清.数字时代知识产权保护的理论与判解研究[M].苏州:苏州大学出版社,2005.

[3]郭丹.网络知识产权法律保护[M].哈尔滨:哈尔滨工业大学出版社,2008.

[4]屠振宇,范雪莹,王锰.软件与网络侵权案例·学理精解[M].北京:中国经济出版社,2004.

[5]段维.网络时代的版权法律保护[M].武汉:湖北教育出版社,2006.

[6]吕国强.网络与软件案例精选[M].上海:上海人民出版社,2003.

[7]杨安.软件与网络法案例教程[M].北京:电子工业出版社,2005.

[8]李祖明.互联网上的版权保护与限制[M].北京:经济日报出版社,2003.

[9]张新宝.互联网上的侵权问题研究[M].北京:中国人民大学出版社,2003.

[10]沈仁干.数字技术与著作权:观念、规范与实例[M].北京:法律出版社,2004.

[11]李宏轩,杨宁.网页著作权若干问题探析[J].情报理论与实践,2000(6).

[12]刘德良.论互联网上的版权限制[J].知识产权,2002(2).

[13]封涌.网页作品的知识产权保护分析[J].宜春学院学报,2004(3).

[14]朱庆玉,孙益武.网页作品的著作权保护[J].华东交通大学学报,2005(3).

[15]李真,黄瑞华.网页作品的著作权保护形式研究[J].情报理论与实践,2004(1).

[16]武晓耕,郭慧敏.论网页著作权保护[J].情报杂志,2006(8).

[17]朱汉彬.试论网页的著作权保护[J].法制与社会,2008(8).

[18]葛宏."网页"的知识产权保护问题研究[J].中国商界(下半月),2010(5).

网络环境下孤儿作品著作权保护

2004 年 Google（谷歌）公司公布图书扫描计划（Google Book Search），旨在扫描数百万本图书，经数字化处理后供世界范围的用户阅读。① 在最初列入谷歌数字图书馆计划的 700 万册图书中，大约有 100 万册处于公共领域，100 万册获得了出版商人的使用许可，剩下的 500 万册为无主作品。② 谷歌此计划一经公布，立刻引起轩然大波，因为大量权利状态不明的作品将被使用。在各界争议中，美国版权局于 2005 年公布《孤儿作品报告》。该报告将孤儿作品界定为受版权保护，使用者尽勤勉义务搜索后不能确定作品权利人的作品。③

孤儿作品的数量有多大呢？世界最大的图书馆机构 World Cat（该机构拥有 112 个国家的 71000 个图书馆的馆藏图书）公布的一份数据显示，该机构收录的作品有 450 种语言，数量达 3200 万种，其中近一半为英文作品。在这 3200 万种作品中，15%为公共领域图书，即没有权利人作品；另外 10%为仍受版权保护的图书；剩下的都是版权人无法确定的孤儿图书。④ 数字化作品的出现使孤儿作品真正引起各国的重视，各国纷纷展开对孤儿作品问题的讨论，并进行了一系列的立法工作。版权自动保护原则是孤儿作品产生的根本原因，保护期限的延长加深了孤儿作品问题。在网络发展的今天，网络传播的普及性及扩张性，进一步将孤儿作品问题扩大化。

在我国现行法律中，并没有特别规定孤儿作品。近年来，随着孤儿作品的问题进一步加深，学者们纷纷对此进行讨论和研究。促进

---

① Authors Guild v.Google Inc.,770 F. Supp. 2d 666,670(S. D. N. Y. 2011).

② *In Google Book Settlement,Business Trumps Ideals Comments By Juan Carlos Perez*,IDG News Service Oct 30,2008,1:30.

③ *Comments of Orphan Works*,No.629 Copyright Office,Mar 25,2005.

④ 练小川:《谷歌图书扫描与“孤儿图书”》,《出版参考》2009 年第 36 期,第 42 页。

文化产业的发展对于振兴中国的文化产业是一个重要的战略，有必要尽快解决孤儿作品的权利和管理的问题。①

随着《著作权法》的修订，孤儿作品问题也终于引起立法机关的注意。本文以《著作权法》变化为契机，通过对国外孤儿作品法规的使用问题进行分析，然后结合《著作权法》草案规定，揭示孤儿作品保护模式的实际情况，并提出立法建议。

一、孤儿作品的概念及产生原因

（一）孤儿作品的概念

由于各个国家的政策导向与社会环境不同，国内外并没有对孤儿作品形成统一的认识。比较具有代表性的有：国际图书馆协会联合会（IFLA）和国际语音协会（IPA）对孤儿作品的定义：孤儿作品是指在使用人需使用应获版权许可的作品时，无法明确其版权人，也无法联系相关版权人的作品。② 美国版权局在2006年关于孤儿作品的报告中对孤儿作品的定义是："孤儿作品是指使用人在使用需版权许可的作品时，经过勤勉义务搜寻权利人后，仍无法辨识、联系其版权人的作品。"③日本著作权法第六十七条对孤儿作品的处理规则作出了相应的规定，其定义为"已发表的作品或者经过一定期间提供或者提示给公众的事实明显的作品，由于著作权人不明或者其他类似原

① 赵力：《孤儿作品法理问题研究——中国视野下的西方经验》，《河北法学》2012年第5期，第149页。

② *IFLA/IPA Joint Statement on Orphan Works June 2007.*

③ United States Copyright Office, *Report on Orphan Works 2006.*

因,根据政令规定付出相当的努力仍然无法和著作权人取得联系的作品”①。欧盟专家组提交的报告将孤儿作品定义为使用人需获得版权人许可但版权人无法确定,或其在尽勤勉义务基础之上,无法联系版权人以获得授权的作品。② 韩国著作权法第五十条将其定义为“如果根据大总统令规定的标准作出相当努力,仍然无法获得已发表作品(外国人的作品除外)的著作权人或其住所”③。

通过上述国家的立法活动,可以概括出孤儿作品的三个基本特征:一是作品还有实际权利人并且作品仍旧在规定的保护期间内;二是使用人经过勤勉义务,版权人仍旧不明确或者权利人明确但无法找到;三是需获权使用者因无法联系版权人丧失获权可能性。④

1.基于孤儿作品的分类

有学者根据孤儿作品的权利状态分类,并针对我国现行法律中存在的实际问题,将孤儿作品分为三类:伪称的孤儿作品、表见性孤儿作品和真正的孤儿作品。“伪称的”孤儿作品是使用人并没有经过勤勉义务寻找权利人,单方面宣称权利人不存在的作品。“表见性”或可称“表面的”孤儿作品是使用人经过勤勉义务寻找权利人,权利人状态仍不明确,但权利人可能会日后复出的作品。“真正的”孤儿作品是指权利人不存在,该作品根据规定或者已经进入公共领域,或

① 《十二国著作权法》翻译组:《十二国著作权法》,清华大学出版社,2011 年,第 393 页。

② *Assessment of the Orphan works issue and Costs for Rights Clearance*, European Commission DG Information Society and Media Unit E4 Access to Information, May, 2010.

③ 《十二国著作权法》翻译组:《十二国著作权法》,清华大学出版社,2011 年,第 521 页。

④ *Study of Legal Issues on Exploitation of Orphan Works*, Thesis for the M. A. Degree in Law College of Polities & Law Central China Normal University.

者归国家所有。①

笔者认为该学者所称的“伪称的”孤儿作品并不应归属于孤儿作品一类,“伪称的”孤儿作品只是使用者为了己方的利益,单方面宣称找不到所使用作品的权利人,并不符合孤儿作品的定义,即作品权利使用者信息不明确或者信息明确却无法找到,也不符合各国通用的“勤勉义务”。所以对于“伪称的”孤儿作品没有讨论的意义。随着真正的孤儿作品的权利人的消亡,如何对其管理各个国家都有所规定,或是进入公共领域,或是归属于国家,但是由于如今大多数国家都加入了《伯尔尼公约》,自动保护原则的应用使潜在的使用者并不知道所使用的作品的权利归属。对本文来说,只有表面的孤儿作品才有保护的意义。所以,本文所称的孤儿作品为表面的孤儿作品,也就是使用者尽勤勉义务后,作品的权利归属状态仍旧不明确,或者权利人状态明确但无法找到的作品。

2.基于孤儿作品是否公开发表的分类

孤儿作品是否包含公开发表的作品,各个国家由于法系不同,所以根据自身的立法政策导向,存在着不同的立法模式。美国两部法案表面上看并没有明确规定未公开发表的作品是否应该归属于孤儿作品,但是仔细观察其对孤儿作品的规定,可以看出美国立法并未将未公开发表的作品排除在孤儿作品范围以外。②《安娜女王法令》的全称是《为鼓励创作而授予作者及购买者就其已经印刷成册的图书

① 周艳敏、宋慧献:《关于孤儿作品著作权问题的立法设想》,《电子知识产权》2011 年第 3 期,第 73 页。

② 韩莹莹:《〈2006 年孤儿作品法案〉议案及〈2008 年孤儿作品法案〉议案》,《环球法律评论》2009 年第 1 期。

在一定时期之内享有权利的法》,通过名称可以看出《安娜女王法令》所称的作品是具有经济性利益的作品,强调的是对作品加以经济性的利用的复制权或者版权。[①] 所以美国认为,如果未出版的作品被排除在孤儿作品的范围之外,会影响作品的传播和社会进步,并且由于作者署名或者不署名的情况,署名形式的不同,通信地址或者联系方式的变更,判断这些作品的权利人状态将会十分困难,所以美国对于孤儿作品的立法并没有将未公开发表作品排除在外。

日本等大陆法系国家恰恰相反。大陆法系认为,作品是作者人格的一部分,并且与作者人身相连,只能为作者享有,所建立的"作者权"制度是名副其实的保护作者利益的制度。[②] 所以日本把未公开发表作品排除在孤儿作品之外是对作者隐私权、发表权等著作人身权的尊重。所以日本为了保障孤儿作品权利人的发表权、隐私权这些著作人身权,并没有将未公开发表的作品纳入孤儿作品体系当中。

本文认为我国应该将未公开发表的作品排除在孤儿作品之外。《著作权法》受大陆法系影响,不仅对作者人身权提供了较高的保障,而且详尽地规定了作者对其作品的财产权。其中著作人身权中的发表权是作者所享有的一项重要的人身权利,它既是宪法所规定的公民言论、出版权在著作权制度上的表现,也是公民所享有的一项基本人权。发表权与隐私权存在联系。如果未经作者许可,擅自发表作者尚未发表的作品,则不仅会侵犯作者的著作人身权,而且会侵犯作者的隐私权。[③] 发表权还是作者享有著作财产权的前提,著作权人可

---

① 李明德:《美国知识产权法》,法律出版社,2004 年,第 227 页。
② 吴汉东:《知识产权法》,法律出版社,2004 年,第 34 页。
③ 吴汉东:《知识产权法》,法律出版社,2004 年,第 73 页。

以通过行使发表权向社会提供作品的原件或复制件,并从公众支付的价款中获得经济回报。[①] 所以如何保护好作者的发表权是保障作者财产权的最大问题。我国在1982年通过的第四部《中华人民共和国宪法》(以下简称《宪法》)中就明确规定了公民的基本权利。[②] 1986年《民法通则》通过,其中明确规定了作者享有发表的权利。[③] 1990年《著作权法》正式通过,其中更是强调了作者所享有的发表权。如果把未公开发表的作品纳入孤儿作品的范围,不仅与《宪法》的基本精神相违背,而且违背了《著作权法》的立法目的。[④] 效仿美国的做法虽然在短期内可以促进作品的传播和文化的交流,但是从长期来看损害了作者的基本权利,这种“拔苗助长”的做法并不利于我国文化事业的发展。美国议院将未发表作品归入孤儿作品,从短期来看确实扩大了可被公众利用的资源,但从长远来看,却会打击作者的创作激情,与美国知识产权精神——“为人类智慧之火浇上利益之油”并不相符。[⑤] 结合以上理由,我国不应该为了一时利益放弃长久的发展,所以我国孤儿作品体系应该仅包括已公开发表的作品。

---

① 王迁:《网络环境中的著作权保护研究》,法律出版社,2011年,第34页。

② 《中华人民共和国宪法》(1982年)第三十五条:“中华人民共和国公民有言论、出版、集会、结社、游行、示威的自由。”

③ 《民法通则》(1986年)第九十四条:“公民、法人享有著作权(版权),依法有署名、发表、出版、获得报酬等权利。”

④ 《著作权法》(2010年)第一条:“为保护文学、艺术和科学作品作者的著作权,以及与著作权有关的权益,鼓励有益于社会精神文明、物质文明建设的作品的创作和传播,促进社会主义科学文化和科学事业的发展与繁荣,根据宪法制定本法。”

⑤ 黄旭春:《浅析美国2008年孤儿作品议案》,《电子知识产权》2009年第7期。

（二）孤儿作品产生的原因

1.原因的产生——自动保护原则

《伯尔尼公约》作为世界上第一个著作权公约，截止到2016年10月14日已经有172个成员国。[①] 中国是该公约的成员国。《伯尔尼公约》第五条第二款规定，作品自创作完成不需要任何特定的程序即受著作权保护。自动保护原则使作者创作作品获得著作权保护不需要任何手续，也就是作品一经创作完成即可获得著作权保护。世界范围内各个国家为了加入该公约，会在签订该公约时修改国内法律使之与该公约保持一致，所以世界范围内大多数国家都采用的是《伯尔尼公约》的自动保护原则。随着加入该公约的国家越来越多，为了本国作品能够在世界范围内交流，也为了能够使用该公约成员国内的作品，美国开始商议加入该公约并修改本国法律。1976年，美国放弃了持续多年的版权登记注册制度，颁布了新的版权法，修改为自动取得原则，以期望与《伯尔尼公约》相一致。[②] 1992年的美国版权法修正案正式确立了自动保护原则。自此，美国持续近200年的登记注册制度被自动保护原则所替代。《著作权法》的自动保护原则不仅保护自然人，而且规定了法人和非法人作为权利主体也享受著作权保护。这一点不同于大陆法系对著作权属于人格权性质的认定。法律规定，作为职务作品，除署名权以外的权利由作者所在单位行使，作者只享有署名权。但是一味保护法人或者其他组织的著作权，当法人存在状态发生变动时，由于权利人的找寻难度增加，孤儿

---

① *Berne Convention for the Protection of Literary and Artistic Works*, pp.10-14.

② *United States Adheres to the Berne Convention*, Copyright Society of the U.S.A., p3.

作品产生的概率大大增加。

2.原因的加深——过长的著作权保护期限

著作权保护期限的长度对孤儿作品的出现有较大的影响。随着近几年各国对著作权保护期延长的立法倾向日益显著,孤儿作品的问题进一步加深。美国 1998 年的《松尼·波诺版权期限延长法案》把版权的保护期限延长二十年,也就是对作品的保护期限扩展到作者终生加死后二十年。①

在漫长的著作权保护期内,作品权利人将著作权中的财产权转移给他人的情况时有发生,在著作权保护期限内权利人发生变动的情况不止一次。在权利人死后,著作权作为财产权由其继承者进行继承,作品的权利人便无从查找,即使潜在使用人找到了原权利人,但经过漫长的时间,中间环节的任何一部分的缺失都会使该作品变成孤儿作品。由于没有登记注册制度,权利人的联系方式和住址的变更都会导致潜在使用人联系不到权利人,进而导致作品成为孤儿作品的概率大大增加。可见,版权保护期限的延长并不能产生良性的效果,反而使孤儿作品问题更加严重,漫长的保护期限吞噬着公共领域,阻碍了后续作品的创作使用。②

3.原因的扩大——网络技术的发展

近年来,随着数字技术与互联网技术的快速融合与迅速发展形成了以创新与竞争为主要特征的信息网络时代。③ 数字内容在物质

---

① *Sonny Bono Copyright Term Extension Act 1998*, Pub. L. No:105-298, 11 Stat.2827.1998.

② Chris Sprigman, *The Mouse that Ate the Public Domain*: *Disney*, *The Copyright Term Extension Act*, *And eldred V. Ashcroft*. *Mar*.2002.

③ 宾雪花:《美国修改〈数字千年版权法〉的反垄断法解读——以 Iphone 智能手机的“越狱”“解锁”事件为例》,《河北法学》2011 年第 10 期,第 167 页。

与经济上的特性都对著作权法有很大的冲击,由于将作品信息数字化,使之固着于各种实体上,而当该作品内容不受限于任何媒介时,就可以轻易地移转和散布,带动整体知识经济的流通。① 在网络环境下,作品的传播方式与创作方式与传统的形式有了很大的差别。在传统著作权时代,作品的主要传播媒介和发行,有其固定的载体,通过载体寻找到权利人的概率相对比较高。但是在网络环境下,网络技术的发展和作品数字化的趋势使得作品的传播速度惊人,作品只要在任何一个环节中来源信息模糊,就会造成作品使用者与版权人无法联系。正如欧盟在《绿皮书:知识经济中的版权》(*Green Paper: Copyright in the Knowledge Economy*)中所言,孤儿作品现象是在大规模数字化项目中才暴露的问题。

二、各国孤儿作品的保护模式

(一)美国侵权限制救济模式

1.《2006 年孤儿作品法案》

2005 年,美国版权局应国会要求,开始对孤儿作品展开研究工作。② 美国版权局在对问题进行全面分析并征求公众意见后,于 2006 年 1 月发布了第一份关于孤儿作品的报告。③ 该报告指出,在过去 30 多年中,美国版权法的一系列变化加剧了孤儿作品问题。这些变化逐渐改变,稳步地放松了版权所有者在法律中声明和管理其

---

① 孙英伟:《数字技术时代私人复制的困境与出路》,知识产权出版社,2015 年,第 67 页。

② *Orphan Works Notice of Inquiry*, 70Fed.Reg.3739, 3741, Jan, 2005.

③ U.S.Copyhight Office, *Report on Orphan Works*, 2006.

权利和移除手续的义务,为用户提供了易于获取的版权信息。其中的最重要因素是取消了导致有关作品不太准确和不完整的识别信息的注册和通知要求。随后版权法的修订延长了版权保护期限,又增加了版权人信息难以寻找的可能性。① 报告中提出了对已进行勤勉义务的版权作品侵权者采用限制救济作为著作权人重新出现后提起诉讼的判决依据。

其后,美国版权局以该报告为基础制定了《2006 年孤儿作品法案》。该法案以"限制救济"理论为基础,其主要内容为:使用人为获得使用许可,在尽到勤勉义务并保留相关的证据的情况下仍未找到版权人,并且尽可能适当标明作品的作者和权利人。如果满足这两种条件,那么作品的权利人在得知作品被使用,提起著作权保护救济时,其救济手段会遭到限制。

2.《2008 年孤儿作品法案》

《2006 年孤儿作品法案》遭到权利人的激烈抗议,虽然没有通过,但是权利人认为这是一部纵容侵犯版权的法案,引起美国对孤儿作品问题的重视,美国版权局在《2006 年孤儿作品法案》基础上,细化了某些规定,推出了《2008 年孤儿作品法案》。

《2008 年孤儿作品法案》首先认为商业流通中的实用艺术品不适用孤儿作品的救济制度,该议案无疑是对特定作品的妥协。该议案订立者认为这些作品的权利人的信息很容易丢失,不利于对作品进行保护。其次,该法案确定了使用例外的情形,即孤儿作品的权利人出现之后,被指控侵权的使用人不能与所使用孤儿作品的权利人

---

① David R. Hansen, *Orphan Works: Mapping the Possible Solution Spaces*, p.17.

达成合理的作品使用协议。[①] 这种例外规定体现着权利人与使用人之间的利益博弈，确定了先授权后使用的利用模式。实际上，孤儿作品的产生原因就是作品潜在使用人联系不到版权人，无法与权利人针对作品的使用进行协商。当孤儿作品的权利人出现之后，使用人已经能和作品的权利人达成协议，恢复正常的作品使用交易方式。孤儿作品法案的实质就是做到作品使用人与版权人的利益平衡，如果孤儿作品的权利人出现，这种情况当然不适合孤儿作品的使用。[②]

3.美国关于孤儿作品立法评析

美国两部法案确立的侵权限制救济制度与其他国家制度相比有着更长远的优势，美国为了符合国际公约的规定，在为使用者采取限制救济的同时，把使用者的使用作品行为定性为侵权行为。但是美国两部法案并没有倾向于保护作品权利人的方案，其在保护使用人的同时，令使用人不必担心使用作品所产生的侵权责任。当著作权人找不到时，使用人可以随意使用本应该付酬的作品，这在本质上提高了使用人随意使用孤儿作品的可能性，存在过度保护使用人利益的倾向。此外，虽然两个方案都规定了使用人必须是善意，以及作品确实属于权利人无法确定，也都要求使用人尽到勤勉义务，但是对于什么是勤勉义务却很难定义。这种勤勉义务会对使用者预测风险产生阻碍，不利于司法实践中适用标准的统一，也不利于著作权全球化统一保护趋势。

① 黄旭春：《浅析美国2008年孤儿作品议案》，《电子知识产权》2009年第7期，第30—33页。

② 王本欣：《孤儿作品立法中图书馆著作权例外与限制研究——以美国和欧盟孤儿作品立法为例》，《图书馆论坛》2014年第12期，第42—48页。

（二）加拿大的强制许可模式

1.加拿大立法模式

《加拿大版权法》第七十七条规定：如果使用者尽了勤勉义务仍然找不到所要使用作品的权利人，就可以向加拿大版权局申请强制许可。加拿大版权局会对使用人的申请进行审核，如果确定申请人符合勤勉义务仍然找不到版权人，版权局就会向其颁布许可证。该许可证必须满足版权局所要求的使用方式和使用条件，并且该许可证为非排他性许可证，不能由此排除其他人对该孤儿作品的使用。①

对于各国尚无规定勤勉义务机构问题，加拿大版权局建议可以通过集体管理组织查询。与此同时，加拿大版权局也在其官网上提供版权集体管理组织的列表以便查询。②《加拿大版权法》通过公权力的介入使任何作品权利人和使用人的利益得以平衡兼顾。该国关于孤儿作品的立法将未经公开发表的孤儿作品排除在外，如果使用人向版权局提出使用未公开发表的作品，版权局均会予以驳回。

2.加拿大立法评析

公权力的介入，使潜在使用人可以直接根据法律的相关规定使用孤儿作品。从各国的实践来看，这种根据法律可以发布命令的权威机关主要有两种，一种由具有行政权的著作权主管机关担任，另一种由处于第三方地位的非政府组织担任。

强制许可模式可以解决孤儿作品最大的困境，即潜在使用人和作品权利人之间权利和义务之间的不可确定性。根据《加拿大版权

---

① Article 77 of the *Copyright Act of Canada*.

② Copyright Board of Canada，Unlocatable Copyright Owners，Jul 2001.

法》规定，使用孤儿作品需要缴纳一笔费用，那么使用人在缴纳费用后使用作品就没有了后顾之忧，而孤儿作品的权利人也不用担心自己的作品获报酬权受到损失。

但是这种制度也存在着许多弊端。第一，加拿大版权局需要对潜在孤儿作品的使用人的申请进行一一审查，无形中增加了行政费用，尤其是在数字化的今天，大量的数字作品使得版权局对于孤儿作品的审查力不从心。这样不仅不能保证审查效率，而且不能保证使用人及时使用孤儿作品，并不利于孤儿作品的保护。第二，法定赔偿金制度并没有对赔偿金的数额进行合理化确定，在作品类型多样的今天，不同的作品带来的经济价值也不同，所以赔偿额怎么设置，在设置赔偿金的时候需要考虑哪些相关问题等，加拿大版权局并没有给予合理设置。

（三）欧盟的法定许可模式

1.欧盟的法定许可模式

2008 年 11 月，欧盟开始实施“版权信息与孤儿作品登记”项目，简称 ARROW 项目。欧盟希望通过这个项目将欧盟成员国内不同的权利登记机制统一管理，建立起一套让成员国都认可的权利登记机制，能够提供成员国内作品的权利状态，在作品权利人的利益得到保障的同时促进作品的传播，实现作品的内在价值。

ARROW 项目的目的就是要在欧盟内部建设一个类似于登记机构的公共平台，该平台有以下两个特点：第一，潜在使用者可以通过该平台查询欲使用作品的相关信息，如作品的作者、作品的保护期限等影响作品相关权利状态的信息。第二，可以登记孤儿作品。如果潜在使用者在通过系统查询后无法确定权利人，那么这个作品的相关信息会被登记在该平台内，以供后来的人查询，如出版商等机构或者作品的权利人日后可以通过该系统查询使用人信息，以通过该平台同使用人进行磋商。①

2.欧盟关于孤儿作品立法评析

欧盟的法定许可模式的好处十分明显，潜在使用者如果经过法律规定查询系统查询不到权利人或者查询到权利人却联系不上，就可以通过授权中心获得使用孤儿作品的授权书，在缴纳一定费用之后就可以使用该作品，如果权利人出现则可以选择退出或者根据作品的价值主张不同的报酬。

欧盟的法定许可模式一方面通过提存使用费保障了著作权人的财产权，而使用人因有登记系统的支持，可以解决勤勉义务成本，只要通过登记查询系统获得许可证，其行为便合法化，无须担心侵权诉讼。另一方面，通过这种模式，用户不需要得到版权所有者的同意即可使用，降低每次谈判的成本，从而促进作品的使用和传播。此外，对于国家图书馆来说，则可以为读者提供更多的服务，降低所需的数字图书的成本，避免数字资源重复；对于版权所有者来说，可以通过项目控制新的商业模式并加强权利；对于版权管理组织来说，要扩大现有服务领域，管理电子内容版权，提供更多支持人；对于电子产品零售商来说，能够充分展现自己作品的在线状态，同时利用 ARROW 的版权信息，拓展电子销售市场的潜力；对于欧洲数字图书馆来说，可以指导用户使用适当的资源和服务，获取更多的出版物。

① 蹇瑞卿、于佳亮、马炳和：《探寻孤儿作品版权问题的解决之道——欧洲 ARROW 项目的实践与启示》，《图书馆建设》2011 年第 10 期。

但其局限性也十分明显，存在的问题主要有：一是国家需要建立一个独立的集体权利许可中心，如此会导致管理成本增加。二是没有持有者解决那些不愿意或不能授权的工作问题。三是成员国需要统一标准合理寻找孤儿作品，并建立一个更加完善和复杂的司法援助制度。

三、我国孤儿作品保护相关规定

（一）现行《著作权法》相关问题

《著作权法》第十九条第一款规定："著作权属于公民的，公民死亡后，其本法第十条第一款第（五）项至第（十七）项规定的权利在本法规定的保护期内，依照继承法的规定转移。"《著作权法》第十九条第二款规定："著作权属于法人或者其他组织的，法人或者其他组织变更、终止后，其本法第十条第一款第（五）项至第（十七）项规定的权利在本法规定的保护期内，由承受其权利义务的法人或者其他组织享有；没有承受其权利义务的法人或者其他组织的，由国家享有。"而《中华人民共和国继承法》（以下简称《继承法》）第三十二条则规定："无人继承又无人受遗赠的遗产，归国家所有。"《著作权法实施条例》第十三条规定："作者身份不明的作品，由作品原件的所有人行使署名权以外的著作权。作者身份确定后，由作者或者其继承人行使著作权。"第十八条规定："作者身份不明的作品，其著作权法第十条第一款第五项至第十七项规定的权利的保护期截止于作品首次发表后第 50 年的 12 月 31 日。作者身份确定后，适用著作权法第二十一条的规定。"

首先，在我国没有继受人的作品并不当然就是孤儿作品，这些作品的权利归属根据规定归属于国家或者集体管理组织。孤儿作品的基本定义是潜在的使用人经过勤勉义务仍然找不到权利人的作品。也就是当“作者无法找到”时存在两种可能性：其一，该作品的作者根本不存在，所拥有的权利已经丧失；其二，该作品的作者存在，但是经过各种途径都联系不上。这两项关于作品权利继承的条款看似规定了孤儿作品的问题，但是需要在明确作品的权利义务继承人不存在的情况下才能够使用，所以这两项条款实际上并没有规定孤儿作品问题，如果能够明确孤儿作品的权利继承人不存在，那么作品权利人的状态其实都已经明确，就不存在孤儿作品问题。

关于作者身份不明作品的规则确实涉及了部分孤儿作品保护问题的解决。依据上文两条规定，对于作者身份不明的作品，由作品原件的所有人行使除署名权以外的著作权。一旦作者身份得以确定，则“由作者或者其继承人行使著作权”，其权利的保护期也就适用《著作权法》第二十一条所规定的普通作品的保护期限。但在实际处理过程中，须注意以下两点。

第一，前文关于孤儿作品权利状态的分类把孤儿作品分为两类，一类是作品的权利人不明的作品，一类是作品的权利人其实已经丧失的作品。但是无法联系到权利人的作品不仅包括了作品权利人状态不明的作品，也包括了尽勤勉义务搜寻不到权利人但作品权利人确实存在的作品。《著作权法实施条例》的两项条款并没有把孤儿作品的分类状态内所有作品全部包含在内，所以，仅仅有这两项条款是远远不够的。

第二，在遇到孤儿作品时，如何判断孤儿作品的“身份不明”存在问题。《著作权法》规定作者有署名和不署名的权利,但是当作者不署名或者署笔名的时候,如何确定权利人状态将遇到障碍。在网络发展的今天,大量作品在网上传播,这些作品的权利人的署名权很可能在传播过程中被剥夺,经过多轮传播之后,如何找到作品权利人更是不可能的,这两项条款在这方面并没有明确规定。①

(二)《著作权法》三次修改草案相关问题

1.修改草案第一稿及相关条款评析

2012年《著作权法》(修改草案第一次征求意见稿),以下简称“第一稿”,一经公布就在社会上引起广泛讨论。在数字化作品日渐发展的今天,第一稿在新形势下对孤儿作品问题作出规定,体现了《著作权法》对技术发展的同步性革新。

首先,第一稿中的孤儿作品不仅包括了“作者身份不明”的作品,也包括了“作者身份确定但下落不明”的作品,与各国立法的范围相同。其次,对孤儿作品的使用未区分公益性使用和商业性使用,对版权资源的利用和版权经济的发展有积极作用。最后,“经尽力查找无果”是世界各国对于孤儿作品立法的热点,该规定与各国立法活动中所称的勤勉义务类似。但是勤勉义务的具体定义、具体步骤和判断标准第一稿中并没有涉及,在法条的实际运用中,该规定显然不利于保护作品权利人的利益,存在被使用人滥用的可能性。再次,该草案也没有明确勤勉义务查找期限的具体内容,如果使用人查找使用时间过长,显然不利于作品使用人的利益,但是如果打破利益平衡原

---

① 赵力:《孤儿作品法理问题研究——中国视野下的西方经验》,《河北法学》2012年第5期,第149页。

则，规定过短的勤勉义务查找时间，更不利于作品权利人的利益。最后，该条款规定的勤勉义务所负责的主体并不明确，所以该条款急需完善。

2.修改草案第二稿及相关条款评析

在修改草案第二稿（以下简称“第二稿”）中，立法者基于我国孤儿作品相关细节问题，把孤儿作品使用者适用的主体仅仅限定在数字化复制机构中或者其他可以把作品数字化并进行传播的主体中，并且将孤儿作品的使用者所提交的使用费管理机关改为国务院著作权行政管理部门。总体而言，第二稿在讨论中缩减了孤儿作品适用的机关，并对孤儿作品进行了更加细致的分类，同时使条文之间更加合理和完善。

但是，此次修改中仍然没有对作者身份不明的孤儿作品使用问题进行规定，大部分权利仍然归属于作品原件持有人，而对于原件持有人所带来的一切问题仍然没有考虑到，这样做不仅会增加孤儿作品使用者的成本，也会降低孤儿作品的利用率，不利于孤儿作品的保护。

考虑到中国孤儿作品相关规定的革新，孤儿作品的范围仅限于报社和期刊社出版的报纸和期刊的数字复制作品，以及其他用户的使用。收费机构由国务院版权管理部门改为国务院版权管理部门指定的机关。因此，从修订的孤儿作品使用规则可得出以下结论：第一，用户的工作范围仍然很广，不限于报纸，也用于业务使用或公共服务；第二，对于数字拷贝和通过网络传播的范围缩小；第三，使用对象基本上包括所有的作品，但对报纸可以利用孤儿作品作出特殊规定。一般来说，这种修改缩小了孤儿作品的适用范围，细化了孤儿作品的类型，改善了条文的表达。

孤儿作品的使用仅限于作品和信息网络通信的数字复制，增加符合第一稿的孤儿作品立法授权的规定，解决使用网络难以获得授权和难以保护的困境，是孤儿作品在当前数字技术和网络环境下面临的最大的问题。然而，作品的使用并不限于数字作品。从长远来看，随着经济和文化的发展，其他类型作品的使用将会出现更为复杂的情况。而根据孤儿作品的解释工作，如何界定其使用性质、如何限制孤儿作品的应用范围只是一种权宜之计，其内涵和意义需要丰富和扩展。

第二稿中，孤儿作品的类型已经比较精确，表达更加清晰。第一，作者和原所有者都缺失的作品才被认定为孤儿作品，解决了第一稿时原件所有人无法找到的困境。第二，原件的所有人也作出了“身份不明”和“身份确定但无法联系”的分类，版权所有人的不同情况对应的条件更清晰。同时消除了概念模糊性。

但应该指出，第二稿仍然保留原拥有人作为“中间人”的地位是值得思考的。虽然这种立法符合著作权法关于权利人未知作品著作权归属的相关规定，但《著作权法》只将权利人未知作品的大部分权利赋予原作者，强调“中间人”所有权的状态缺乏法律意义。此外，识别用户的成本增加以及识别用户所涉及的步骤可能会降低对孤儿作品的使用概率。

3.修改草案第三稿及相关条款评析

修改草案第三稿（以下简称“第三稿”）并未延续第二稿第二十六条的规定，而是重新回归到第一稿第二十五条的规定，并对孤儿作品的使用进行了进一步的限制。2014 年提请审议的送审稿与第三稿中对孤儿作品的规定有些差别，而且将该条由隶属“权利的归属”一节第二十六条改到了隶属“权利的限制”一节第五十一条。送审稿第五十一条规定：“著作权保护期未届满的已发表作品，使用者尽力查找其权利人无果，符合下列条件之一的，可以在向国务院著作权行政管理部门指定的机构申请并提存使用费后以数字化形式使用：(1)著作权人身份不明的；(2)著作权人身份确定但无法联系的。”关于权利限制，参照国际规则，适当调整权利限制的范围，并增加了关于权利限制的原则性标准的规定。在《关于〈中华人民共和国著作权法〉(修订草案送审稿)的说明》中，国务院法制办指出，本次修法的重点内容是“保持保护著作权人权利与促进作品广泛传播的一致性，建立科学、合理、规范的著作权授权机制和交易规则，改变当前我国一方面著作权人的权利得不到应有尊重、另一方面使用者无法通过合法途径获得海量作品授权的困境”。为此，“为适应数字网络环境下海量使用作品的需要，为解决特定情况下，著作权人查找无果但仍需使用作品的实际，增加相关规定，允许使用者在向有关机构申请并提存使用费后以数字化形式使用作品”。经过对三次征求意见稿和送审稿的比较，可见送审稿采纳的是第三稿的立法模式。第一稿对孤儿作品的规定较为宽泛。第二稿将孤儿作品的使用限定为数字化复制和通过信息网络传播。第三稿在前一稿的基础上，将孤儿作品的使用限定为已发表作品，并且限定为以数字化形式使用，第三稿未采纳第二稿在适用范围上的限定。前三稿均把孤儿作品的使用放在“著作权的归属”一节中，而送审稿将其归于“权利的限制”。

4.送审稿有关孤儿作品规定的不足

本次《著作权法》的修改，虽然对孤儿作品问题进行了更为详细的规定,但仍存在一些问题。

第一,使用孤儿作品的前提,是版权所有者的身份未知或明确但由于种种原因无法联系。但是通过什么标准来确定这一点需要明确。所以需要“找不到合适的人”来确定明确或潜在的用户的标准,但也可能会被当作一个漏洞来逃避义务。

第二,用户范围方面,送审稿对于孤儿作品的用户不设限制,用户包括所有用户,使用与美国一样,不仅包括图书馆,也包括商业机构。但是,从《信息网络传播权保护条例》第七条规定可以看出,对于非营利性机构使用孤儿作品有相应的法律依据。因此,本条的立法是否仅适用于商业用户,应进一步明确,以防止“版权法”作为重叠混淆的优先使用带来不便。

第三,为了使用孤儿作品,送审稿一直受到限制,送审稿提供了数字化,使用数字化的孤儿作品解决方案局限于网络方式,这可能无法解决后续行为数字化使用孤儿作品的问题。因为数字孤儿作品只是很多作品的一小部分,所以形式的使用局限于数字形式,显然是当前网络法律规范的权宜之计,无法涵盖所有的孤儿作品问题解决方案。

每当立法创新制度的时候,如果不是详细的规定,在未来的实践中将不可避免地存在障碍。但是,如上所述,一些具体内容的规定仍然缺失,这可能会阻碍立法过程。即使立法通过,也可能会由于更加仓促和缺乏配套制度立法,而仍无法真正解决孤儿作品问题。立法的改善只是一个形式的改善,不能实施来解决具体问题。同时,由于我国帮助解决孤儿作品相应的配套制度并不完美,不如欧盟拥有完善的版权集体管理制度,也不如 ARROW 项目的孤儿工作问题更容易实施，因此，中国可以向欧盟学习，也就是说，配套制度适合改善孤儿作品来解决问题。

四、我国孤儿作品保护模式的建议

（一）孤儿作品保护模式应考虑的要素

孤儿作品保护问题虽然早已存在，但也是近些年才引起广泛的关注。目前很多国家都在为解决孤儿作品问题进行不同的尝试。美国的两部孤儿作品法案都将使用人定为侵权人，并以限制救济的方式减轻使用人的责任。笔者认为将使用人定义为侵权人会在一定程度上打击潜在使用者的积极性，而如果版权人未出现，使用人则一直免费使用该孤儿作品，对版权人而言也极其不公，仍然没有实现双方的利益平衡。我国目前的司法资源尚不足以对大量孤儿作品的个案认定，所以美国侵权责任模式并不适应我国国情。北欧一些国家的延伸性集体管理制度虽然有利于解决非会员的授权问题，但目前该制度也仅在几个北欧国家中存在。我国虽然已有著作权集体管理组织，但是并未涵盖所有的作品类型，并且该制度的发展本身亦存在一定的问题需要改善。强制许可模式虽然可以解决孤儿作品授权问题，但每份申请都需行政机关个案认定，会导致行政效率低下。例如从 1972 年到 2005 年，日本文化厅对孤儿作品的裁定总共也就 6 件。可见行政机关公权力介入进行个案认定势必会导致行政效率低下，结合我国国情，强制许可模式并不适用我国。

所以笔者认为，在完善我国孤儿作品保护制度方面，应采用欧盟的法定许可模式。使用者只要符合法律事先规定的条件，提存一定的使用费用之后便可获得合法使用。我国法律中已有法定许可的相关规定,有一定的法律经验,只需要对孤儿作品这种特殊的作品进行专门规定加以完善,便可解决孤儿作品相关问题。而且第三稿亦采用法定许可的设计模式,也印证了笔者的观点与立法者的立法构想一致。

对于我国孤儿作品的保护,立法应遵循以下原则:

1.“三个尽量”原则

“三个尽量”原则是指:尽量使用现有的系统资源;尽量降低双方履行法律义务的成本;尽量保持权利和义务关系的可预测性。

我国著作权法合理使用机制和法律许可证制度不断完善,版权管理组织也早已存在。所以,对于孤儿作品,在立法导向中应结合现有的系统资源,并进行一定的创新。与著作权人明确的作品相比较,孤儿作品的使用者因为进行搜索时会承受更大的成本付出,所以在保护制度的设计中,应对使用者需付出的成本进行衡量,如果搜索成本高,可能会导致利用搁浅,或者使用者冒着被追究法律责任的风险而擅自使用。前者会造成社会资源的浪费,后者会助长侵权现象的发生,所以在设计孤儿作品保护制度时应注意适当减少当事人履行法定义务的成本,这样既可以鼓励其使用作品源源不断地创作,也不会妨碍其利用作品。

尽量保持权利和义务关系的可预测性。这也是版权所有者可以清楚地确定他人的行为是基于孤儿作品的制度的合法使用,还是纯粹的侵权行为,以选择适当的方式维护自己的权益的必要条件。所以只有版权所有人和使用人的关系具有可预测性,才能确定双方的权利和义务,双方都可以按照法律对他们的行为进行定性并作出正确的选择。

2.利益平衡原则

利益平衡原则是著作权法的基本精神和基本原则。著作权法是鼓励人类在作品、艺术和科学领域的发展和创新,并促进作品、艺术和科学作品的传播,要实现这些目标,著作权法必须实现权利与公共利益之间的平衡。

经济学中的博弈理论有一个对法学影响比较大的博弈模型——囚徒困境。该模型的基本内容是:对于两个分别关押而合谋犯罪的嫌疑人,由于警方目前掌握的证据比较无力,即只会因为较小的罪名判处很轻的刑罚——1 年,警方为使他们中的一个或两个交代出更多的罪行,以使更重的罪名成立,需要获得至少其中一个人的口供。警方给两个囚徒的选择是:如果其中一个人愿意主动坦白罪行,这一嫌疑人只需要坐半年牢,而另一个拒不交代的嫌疑人则将被判处 7 年有期徒刑;如果两个嫌疑人均不坦白,则均将被判处 5 年有期徒刑。这时,对两个囚徒而言,如果坦白,有可能只需要坐半年牢;如果自己不坦白,对方坦白,自己则将获刑 7 年。很显然,坦白是一个好的策略,即不管他人行为如何,这样的策略对决策人是最优的。这时,两个嫌疑人出于同样考虑,均会选择坦白罪行,则结果是各获刑 5 年。囚徒困境这一模型中的两个嫌疑人博弈是一个均衡,即两个人均坦白,但这并不能达到帕累托最优的结果。这一模型给我们的启示是,相互间存在利益冲突的不同个体,如果每个人均追求各自的最大利益而不顾及他人的利益,则最终不一定真正实现个体的最大利益。每个人根据自己的利益最大化选择自己的行为,不但不能实现自己追求的利益,还可能导致两败俱伤,甚至可能形成自相残杀的局面。

著作权人的利益和使用者的利益也是如此,如果著作权人一味坚持自己的利益,不但会因维权成本的增加而导致产品的价格丧失竞争力,而且会引起公众反感,其结果可能是为公众所抛弃。所以,解决孤儿作品问题的关键在于如何平衡著作权人的利益和社会公众的利益。在版权不断扩张的今天,孤儿作品的出现,不但使作者的利益受损,也使社会公众的利益受损。

孤儿作品亦是作品中的一种,受到著作权法的保护,所以涉及孤儿作品时不仅要利用规则也要遵循利益平衡原则,加之孤儿作品本身的特性,要实现孤儿作品创作者、传播者及使用者之间的利益平衡变得更加困难。对于一般作品而言,取得授权是通常的利用方式,但由于孤儿作品的著作权人下落不明或无法取得联系,使通常的授权途径难以实施,若轻易地使用孤儿作品,必然面临日后著作权人复出被提起侵权之诉的风险。如果使用人的行为被定性为侵权,必然会对社会文化产业的发展和创新造成阻碍;如果使用人有幸逃脱著作权法的惩罚,则会助长侵权之风,结合目前我国国民版权意识不高、侵权现象普遍存在的现实,这种情况无疑是雪上加霜。如果使用人不经授权便可利用孤儿作品,虽然会促进社会文化的传播和演绎作品的产生满足使用者和传播者的利益,但创作者的利益会因此遭受严重的损害,长此以往,创作者的创作激情会遭受打击。

因此,著作权法在管理孤儿作品的同时,不能过多损害任何一方的利益,既不会过度损害版权所有人的利益,也不会妨碍对孤儿作品的使用,从而达到促进传播和不阻碍公众自由使用的双重目的。利益平衡得以实现,孤儿作品也得到有效利用,文化事业取得发展。

3.符合国际公约原则

我国作为《伯尔尼公约》的成员国，在使用孤儿作品的系统规则情况下，受限于不能要求权利人履行具体程序的相关公约规定。我国《民法通则》第一百四十二条和《中华人民共和国外交特权与豁免条例》第二十七条都规定我国应当遵守参加的国际公约，我们可以看到，中国在处理国际关系方面尊重国际条约的精神，以及自从实行《著作权法》以来，就采用了自动保护原则。目前，世界各国特别是大陆法系国家对作品的版权保护，大多采取自动保护原则。这一原则的普及与版权保护的国际化密不可分，其主要目标是尽可能减少权利人的义务，使其不必按照具体程序要求支付高额费用。另外这个原则也可以有效地减少各国的地方保护主义，使其难以任意限制外国版权所有者的权利。因此，许多学者从注册开始就提议，试图重新实施版权登记制度或者设立版权制度等实质性登记程序。

（二）孤儿作品保护模式的构建

1.明确勤勉义务标准

各国都几乎规定了勤勉义务，只有尽勤勉义务的使用人才能够合法使用作品，使用人尽勤勉义务不仅能够证明版权人确实无法找到，同时能够证明使用人主观善意。但是几乎所有国家都没有具体规定一个原则。大多数国家都只是简单地提到用户努力尽勤勉义务，但没有提供具体的勤勉义务搜索方法，这也导致了尽勤勉义务搜索这一规定不具有高可操作性。其实有些作品因为其性质或者实际目的决定了用户不能尽勤勉义务搜索，在此之前，用户必须知道一些作品的相关信息，作者、出版商、版权注册号或者出版日期等，否则无法搜索版权人。但如果使用人知道这个信息,很明显,这就可能不再是孤儿作品,也就没有讨论的意义。①

虽然《著作权法》(修改草案)的使用前提,表示为"尽力查找无果",但是,勤勉义务本身如何精确定义是一个含糊不清的法律和技术问题。各种解决方案均没有给出明确的标准,通常情况下主要是识别方法、作品权利状态的不确定性阻碍了用户预测风险,同时增加了行政或司法费用。在孤儿作品立法工作中,我们还必须明确界定勤勉义务搜索和实施细节的定义,以保证在实施过程中有明确的法律可以遵循。在勤勉义务的定义中,义务只能被理解为勤勉搜索的主观概念。

2.确定孤儿作品使用补偿金标准

版权补偿金制度是随着信息传播技术日新月异的进步而建立起来的。补偿金制度具有双向限制性:一方面对权利人的权利进行制约,使权利人的绝对权利降格为一种获得合理报酬的权利;另一方面对社会公众利用作品的行为进行限制,即社会公众使用作品时,必须向版权人支付补偿金。② 补偿金制度既满足了使用者的实际需要,又使版权人得到了一定的补偿,平衡了版权人和使用者之间的利益。并且补偿金制度还可以消除应用技术措施的成本,降低现有著作权制度法律强制的成本,并提供更多地将税收返还给作品创造者。这种较低成本的解决方式能够使更多的人使用受著作权保护的作品,

---

① 杜铂伦、黄光辉:《孤儿作品的保护与利用危机及其解决方案刍议》,《电子知识产权》2013 年第 3 期。

② 任宁宁:《数字图书馆版权利益平衡机制研究》,经济管理出版社,2013 年,第 124 页。

而作品的使用面越广，使用人数越多，为社会提供的公共福利就越多。[①] 现行《著作权法》中的财产权利虽然包含获得报酬权，但此“获得报酬权”是指作者行使作为作品权利人物质权利而产生的一种债权，并不是一种独立的权利。[②]

关于孤儿作品使用费的计算标准《著作权法》（修改草案）中并没有进行相应的具体规定，只是笼统地规定数额由国务院著作权行政管理部门确定的相应机构进行确定。至于如何进行认定都是在实践中去解决的。[③] 国务院著作权行政管理部门在确定使用费数额的时候最应该考虑的因素，就是同类作品在版权交易中的价格。只有做到与通常的交易价格相差不多，才能完成公平公正的授权，才能较好地保护版权人的权益。我国立法中还应当规定孤儿作品版权人提取使用费的年限，即版权人在批准使用期届满后几年内可以向国务院著作权行政管理部门指定机构请求给付使用费。一方面，立法规定权利人提取使用费年限是为了减少相关机构保存使用费的压力。虽然孤儿作品使用人的使用费是由国务院著作权行政管理部门指定的机构收取并保存的，但是并不意味着该机构就要代替版权人一直保存使用费。如果该机构在长时间保存使用费的过程中遭遇了任何的风险，其都必须对孤儿作品版权人进行赔偿。另一方面，立法规定权利人提取使用费年限是为了督促作者对自己的作品行使权利。自己的权利要由自己来行使，作品的权利人不能始终任由自己的作品被评定为孤儿作品。

---

① 孙英伟：《数字技术时代私人复制的困境与出路》，知识产权出版社，2015 年，第 326 页。

② 张今：《数字环境下的版权补偿金制度》，《政法论坛》2010 年第 1 期，第 80—87 页。

③ 金潞、刘青：《推进孤儿作品公共获取的解决之道》，《图书情报工作》2010 年第 9 期。

3.建立孤儿作品的登记备案制度

孤儿作品著作权登记是指当有关部门、作品使用者经过勤勉义务搜索仍然无法通过作品确定或联系作品的权利人时,在相关部门审查确定“孤儿”状态的作品是真实的之后,作品的所有信息将被存储在孤儿作品登记系统中,以便将来可能的版权所有者、作品使用者和其他权利人开展相关信息查询。因此,孤儿作品的登记系统不仅有助于建立孤儿作品的信息数据库,而且方便公众查询孤儿作品的信息,还有助于权利人和用户相互沟通, 以实现后续权利行使和权利救济。①

孤儿作品可以使用的前提条件是,用户已尽力寻找孤儿作品的权利人,但仍然无法确定权利所有人的身份或不能与作品权利人取得联系。通过这样的登记系统,我国可以建立一个孤儿作品数据库,方便公众对孤儿作品查询和使用,也有利于权利人确定自己的作品是否已经成为孤儿作品。②

《著作权法》(修改草案)涉及了这一点,规定版权所有者可以授权国务院著作权行政管理部门注册,获得著作使用权证书。该条所规定的登记并不决定版权的获得,只是一个记录注册,以便于作品信息的注册管理。但是《著作权法》没有对版权登记的具体机构进行立法规定。自动获得版权的原则,导致出现孤儿作品问题,并且由于没有可以管理版权所有者的相应信息系统,孤儿作品的使用必然受到阻碍。欧盟 ARROW 项目的建立必然耗时耗力,需付出大量的成本,

① 刘宁:《试论我国孤儿作品的著作权法律保护》,《电子知识产权》2013 年第 7 期。

② 张颖:《探索孤儿作品问题的解决之道——以完善版权登记制度为视角》,《编辑之友》2016 年第 1 期,第 65—75 页。

但是,从长远看,仍然值得中国借鉴,即建立版权信息管理数据库,并且为了更高效,可以建立在线系统,以便相应的版权所有人和版权使用人使用。

《著作权法》(修改草案)没有具体说明国务院指定的行政机关,笔者认为可以授权著作权集体管理组织开展工作,一方面中国的著作权集体管理组织已经开始形成,可以代为工作,承担帮助潜在用户查询版权所有者的信息的义务。如果查询后,可以联系版权所有者,那么便可以获得法定授权;如果没有得到相应的信息,在用户缴纳费用之后,其可以授予用户使用该作品的权利。登记制度对于版权所有人信息的有效管理是非常重要的,但是,这里的登记并不是强制性的。这是为了避免违反《伯尔尼公约》的规定,但是否可以探讨某种系统设计,使登记制度不违反《伯尔尼公约》的规定,同时也能实现孤儿作品问题的有效解决呢?例如,是否可以鼓励登记版权所有人比未登记版权所有人可以获得更多的保护,以便当版权所有人意识到登记制度更能够保护他们的权利时,会不可避免地为了自己的利益选择此种方式。根据《著作权法》(修改草案),版权所有人可以向行政部门设立的登记机构登记,并获得登记证明文件。法律规定版权所有人可以登记他的作品。从"可以"的措辞可以看出,登记不是强制性的。其只是鼓励作者登记,从而集中管理作品信息,以解决作品的后续使用问题。这与《伯尔尼公约》自动获得版权的原则并不冲突,而与归档系统类似。通过登记有效实施版权管理和《伯尔尼公约》的集中管理并不矛盾。同时法律规定了版权登记,由相应的版权集体管理部门单独登记,登记程序的具体条款也取决于相关机构的规定。

4.完善延伸性集体管理模式

延伸性集体管理模式是保护孤儿作品版权非常有效的方式，首次出现在20世纪60年代，是北欧国家法律的普遍模式。延伸性集体管理是著作权集体管理组织和作品使用者之间的自愿协议，即如果版权所有人授权著作权集体管理组织管理其版权，那么著作权集体管理组织在特定领域可以根据法律将版权管理扩展到其他未经授权的版权所有人的作品。延伸性集体管理模式有四个基本特征：(1)此许可是基于集体管理组织和用户的免费模式；(2)此许可扩展到集体管理组织成员以外的其他成员；(3)非成员版权人有权依法要求获得个人报酬并禁止他人使用该作品。①

延伸性集体管理模式最突出的特点是法律允许集体管理组织代表和作品使用者之间自由谈判并缔结集体许可协议。这对于集体组织能具有足够的代表性是必要的，相当多的权利人必须信任集体管理组织有权胜任该工作。必须注意的是，延伸性集体管理模式条款适用于国内和国外特定领域的所有权利人，并自动涵盖所有未知并未出现的已故权利所有人或者该权利人的继承人。这极大地方便了作品的许可，作品许可证的使用可以使许可证所覆盖的所有作品得到使用，而不需要承担侵犯集体管理组织代表权利的风险。事实上，延伸性集体管理模式的基本思想是促进权利许可的扩展，特别是在大规模使用的情况下，用户不能获得所有作品的使用权。②

如中国音乐著作权协会、中国音像著作权集体管理协会、中国作

① 卢家银、段莉：《孤儿作品版权保护的三大模式评析》，《编辑之友》2016年第1期，第59页。

② 肖少启、张保红：《美国孤儿作品的版权立法及其对我国的启示》，《图书情报工作》2016年第14期，第67—74页。

家协会和中国摄影著作权协会等,虽然不能直接批准孤儿作品的使用人免除侵权责任,但使用人可以向协会注册,包括当前作品状态和使用程序,所以集体管理组织应开放使用注册,方便私人查询。如果涉及商业秘密,集体管理组织不可以在没有申请的情况下公布作品的名称或者作品的图片。如果著作权人出现,使用人的注册程序可以作为勤勉义务和商誉使用的重要证据。

这样的模式虽然有一些缺陷,但仍然是非常必要的。首先,用户可以更容易地获得合法授权,集体管理组织不仅可以代表组织的成员,在某些情况下也可以代表非组织成员授权用户,用户只要找到集体管理组织和国务院著作权行政管理部门支付使用费,就可保证作品的顺利使用,还能保护版权所有人的利益;其次,许多版权所有人认为非代理组织行使权利的行为是侵权。虽然版权属于私有权,但它不仅仅是私有财产,更涉及公共权利和私权之间的平衡,尤其是对孤儿作品,版权所有人长期以来怠于行使权利已造成社会资源的巨大浪费,如果这些集体管理组织缺失,那么使用孤儿作品的途径将被完全封闭。当然,我们不应该对其中的缺点视而不见。这些集体管理组织应该摆脱多年的官僚主义,重塑信誉,应公开、及时联系版权所有人收取费用并及时公布收费情况,做到信息公开、透明。

随着我国版权制度的发展,延伸性集体管理组织模式将不断完善。当前的版权集体管理体系应坚持市场导向,引入数字化转型。也就是说,为了防止公共群体的不当使用,建立平等协商机制最终实现管理者向服务者的转变①,才能够真正发挥作用。

---

① 陈明涛:《网络服务提供商版权责任研究》,知识产权出版社,2011 年,第 45 页。

参考文献

[1]吴汉东.知识产权基本问题研究[M].北京:中国人民大学出版社,2009.

[2]李杨等.知识产权基础理论和前沿问题[M].北京:法律出版社,2004.

[3]王迁.知识产权法教程[M].北京:中国人民大学出版社,2011.

[4]吴汉东.著作权合理使用制度研究[M].北京:中国政法大学出版社,2005.

[5]李明德,许超.著作权法[M].北京:法律出版社,2009.

[6]郑成思.知识产权论[M].北京:法律出版社,2007.

[7]德利娅·利普希克.著作权与邻接权[M].联合国,译.北京:中国对外翻译出版公司,2000.

[8]曲三强.窃书就是偷:论中国传统文化与知识产权[M].北京:知识产权出版社,2006.

[9]彼得·达沃豪斯.信息封建主义[M].刘雪涛,译.北京:知识产权出版社,2005.

[10]王迁.著作权法[M].北京:中国人民大学出版社,2015.

[11]王迁.网络版权法[M].北京:中国人民大学出版社,2008.

[12]谭曲.合理使用制度的适用与限制:评吴汉东教授的《著作权合理使用制度研究》[J].法制与社会,2007(5).

[13]周艳敏,宋慧献.版权制度下的“孤儿作品”问题[J].出版发行

研究,2009(6).

[14]袁泽清.论孤儿作品的利用与保护[J].西南民族大学学报(人文社科版),2008(2).

[15]冯晓青.著作权合理使用制度之正当性研究[J].现代法学,2009(4).

[16]宋廷徽,郭禾.对版权保护扩张趋势的反思[J].法学家,2010(6).

[17]万丽慧.以交易成本理论分析数字著作权交易的困境与机会[J].出版发行研究,2012(6).

[18]王迁.“孤儿作品”制度设计简论[J].中国版权,2013(1).

[19]吴汉东.知识产权法的平衡精神与平衡理论:冯晓青教授《知识产权法利益平衡理论》评析[J].法商研究,2007(5).

体育赛事节目转播权的版权保护

近来体育赛事节目转播权作为一种新型的无形财产权进入大众视野,体育赛事本身不具有作品属性,以信号为载体的体育赛事节目因缺乏作品要求的独创性高度,所以其属性应当在邻接权的范围内进行界定。对体育赛事节目转播权法律属性的认定不应脱离现实生活。现实中,广播电台、电视台接受赛事组织者的授权对体育赛事录制并播送的行为,符合广播组织权的构成。而随着新媒体技术的发展,网络广播占据主流视野,在《著作权法》修订过程中,应逐步确立网络广播在广播组织中的地位。

2008 年,央视国际网络有限公司发现世纪龙信息网络有限责任公司通过 VGO 软件在线实时转播中央电视台的奥运会比赛画面,遂以侵权为由提起诉讼。法院经审理认定,世纪龙信息网络有限责任公司提供给观众观看的奥运会比赛节目已由中央电视台独占授权央视国际网络有限公司通过信息网络向公众传播。而世纪龙信息网络有限责任公司未经授权播放上述节目,侵犯了央视国际网络有限公司的录音录像制作者权和广播组织专用权。[①] 无独有偶,2013 年,北京新浪互联信息服务有限公司经合法授权在其运营的新浪网中独家播放中超联赛视频,包括但不限于比赛直播、录播、点播和延播的权利,却发现北京天盈九州网络技术有限公司在其运营的凤凰网的中超频道首页,未经授权非法转播中超联赛直播视频。一审法院认为,新浪网对赛事录制形成的画面,具备独创性,构成《著作权法》所称的作品。凤凰网转播中超赛事的行为,侵犯了新浪互联信息服务有限公司对赛事画面作品享有的著作权,判决凤凰网所有方停止侵权并

---

① 参见广东省广州市中级人民法院民事判决书(2010)穗中法民三初字第 196 号。

赔偿新浪互联信息服务有限公司经济损失50万元。① 二审法院纠正了一审法院的判决，认定体育赛事公用信号网络直播行为缺乏电影作品所要求的固定性与独创性高度，不构成《著作权法》所称的作品。如果在《著作权法》修订过程中对转播行为所采用的技术手段不作限定，包括一切无线及有线方式，从而将网络直播行为纳入广播组织权的权利范围，那么对于体育赛事公用信号而言，不失为一种有效的救济渠道。②

从以上案例不难看出，司法实践中对体育赛事节目性质的不同认定，影响着体育赛事节目转播侵权行为的定性。体育赛事因其本身的竞技性特征而区别于舞蹈、曲艺等艺术表演行为，艺术有其内在的审美特征，通过塑造形象反映和再现生活，主要目标是表达作者的思想情感；而体育比赛以身体活动为中介，以增强体质为基本目标，受到竞技规则等的制约。体育比赛中，部分可以“作品化”的体育竞赛与非竞赛型舞蹈，比如花样滑冰、花样游泳、健美操、体育舞蹈等竞赛型舞蹈，以及啦啦操队员在赛事开始前、中场休息之间、赛事结束后所表演的啦啦操等非竞赛型舞蹈，与《著作权法》所称的“舞蹈作品”在本质上并无不同。因其事先固定的编排和模式，即使不参与比赛，不以比赛的形式加以展示，仍然可以以独立的艺术形式加以表演和展示。在广义上，它们属于体育竞赛的范畴，但本质上，它们属于表演类比赛。所以，本文所讨论的体育赛事节目的范围，只包括具有竞技性的、未事先进行编排的、结果具有不确定性的单纯竞技类体育

① 参见北京市朝阳区人民法院民事判决书(2014)朝民(知)初字第40334号。
② 参见北京知识产权法院民事判决书(2015)京知民终字第1818号。

赛事,如足球比赛、排球比赛、篮球比赛等,并不包括以上提到的可以视为作品的表演类体育赛事节目。

一、体育赛事节目转播权与相关概念辨析

(一)体育赛事与体育赛事节目

体育赛事与体育赛事节目是两个不同的概念,基于体育赛事所享有的权利与基于体育赛事节目所享有的权利同样是两种不同性质的权利。

1.体育赛事

体育学界把提供竞赛产品和相关服务产品的特殊事件称为体育赛事,其规模和形式受到竞赛规则、传统习俗等多种因素的制约。① 此界定在体育学界得到广泛认同。在此定义中,体育赛事不仅包含了赛场意义上的比赛,而且包括了由赛事衍生出来的一系列服务,体育赛事的范围得以不断扩大。

体育赛事本身不属于著作权法意义上的作品,这已经成为学界共识。通常情况下,体育赛事是客观发生的,没有预先设计的动作、比赛经过,同时,体育比赛中运动员水平的发挥以及由此带来的具体比赛结果,具有一定的偶然性和不确定性,运动员的活动不具有独创性特征。换句话说,对于某一具体的体育赛事来说,其具有唯一性和不可复制性。因此,体育赛事不可能被看作是作品或其他智力创作的成果。此外,在比赛中,新技能的展现是制胜的方法之一,而技能

① 王守恒、叶庆晖:《体育赛事的界定及分类》,《首都体育学院学报》2005 年第 2 期。

属于公共领域，并不受著作权法保护。[①]

2.体育赛事节目

“体育赛事节目是指在体育赛事活动进行的过程中，通过拍摄机位的设置、摄像镜头的选择、主持人解说、字幕、回放镜头或特写、采访、编导的参与等方面，对体育赛事活动进行拍摄而形成的供广大观众在屏幕前观赏的电视节目。”[②]按照此观点，在赛事录制、编排的过程中加入的解说员的解说、字幕、采访等内容，因其可以被复制固定在载体上，故可以依据其创造性程度的高低对体育赛事节目进行定性。如果其创作高度达到了《著作权法》对作品的要求，那么其可能被认定为作品；如果其创作高度没有达到《著作权法》对作品的要求，那么其可能被认定为录像制品，进而依据《著作权法》的规定，获得与其定性相适应的法律保护。可见，体育赛事节目作为人们智力创作活动的成果，可以根据其独创性的高低，从而受著作权或邻接权的保护。

（二）体育赛事节目信号

1974 年，《卫星公约》专门对信号和节目作出了定义：“信号”是指任何能够传送节目的电子载体；“节目”是指为了传播而发射的信号中所包含的一个由图像或声音或图像和声音构成的录制的或未录制的整体。广播节目的内容需要转换成广播信号来发射，因此，信号是广播节目内容的载体，载有节目内容的信号才有被保护的意义。

---

① 郑家红、谢申文：《体育竞赛著作权保护的法理学思考》，《知识产权》2017 年第 5 期。

② 祝建军：《体育赛事节目的性质及保护方法》，《知识产权》2015 年第 11 期。

一般情况下,体育赛事组织者或主办方委托"通过协议许可他人制作相关节目,或者代理节目的商业开发并由商业开发者将赛事的节目制作转授权给他人(通常是著作权法中规定的广播组织)。在现实的商业案例中,广播组织作为最终的节目制作人,往往采用'信号换版权'的方式获得制作体育赛事节目的录制权,即广播组织制作赛事节目并将其作为对价即《著作权法》中规定的报酬支付方式,以换取商业开发者对节目的录制,并获得向公众传播的许可。同时在互联网商业模式下,商业开发者会将从广播组织方获得的赛事节目制品转卖给互联网媒体,通过互联网进一步向公众传播节目,以实现商业利益的最大化"①。为了调整基于节目信号传输所带来的利益冲突,《著作权法》专门规定了广播电视组织权,从而赋予广播电台、电视台对其传输节目信号的专有控制权。

(三)体育赛事转播权与体育赛事节目转播权

《现代汉语词典(第7版)》中将"转播"一词解释为"(广播电台、电视台)播送别的电台或电视台的节目";"直播"指"广播电台不经过录音或电视台不经过录像而直接播送"。据此严格理解,体育赛事直播是指相关主体对正在进行的体育比赛的现场的直接播放;转播专指广播电台、电视台、网络等媒体对其他电台、电视台、网络所播放的节目进行再播放。但在现实语境中,电视、网络等媒体报道使用的"实况转播""现场转播"字眼,却并不局限于对体育赛事类节目的再次播放,而是涵盖了"直播"之义,转播权也不仅仅是指广播组织者所

---

① 刘阳:《自媒体时代体育赛事转播权的保护》,《知识产权》2017年第5期。

享有的权利,还包括了赛事组织者享有的权利。

我国目前并无相关法律对体育赛事转播权作出规定,更没有关于体育赛事节目转播权的相关规定。基于对体育赛事所享有的权利,国内外有关体育赛事转播权的法律属性的认定存在"契约权利"说、"商品化权"说、"准入权"说、"企业权利"说等观点①,以上学说只是对体育赛事转播权利来源方式的认定,与广播组织被授权对体育赛事进行录制形成赛事节目并播放的行为的定性相去甚远,后者应当在著作权法的权利范围进行规制。国内理论界对体育赛事节目转播权的性质认定主要存在著作权与邻接权之争,无论是持著作权说还是持邻接权说,二者在体育赛事本身不构成作品的观点上存在一致性。

不可否认,体育赛事节目的制作、播放常以体育赛事转播权的行使为前提,体育赛事转播权的权利主体为赛事组织者或主办方,而体育赛事节目的著作权或邻接权的主体则为对体育赛事进行录制、播放的广播组织。因此,对体育赛事享有权利并不必然对体育赛事节目亦享有权利,同时,此种基于体育赛事享有的权利亦不能当然及于或者控制对体育赛事节目进行传播的行为。

从历史上看,广播组织的权利主体范围在不断扩大,随着新媒体技术的发展,网络广播成为当下最具影响力的广播方式,而我国当前所称的广播组织一般指广播电台、电视台,网络广播并未被纳入法律明确规定的范围之内。在世界知识产权组织《广播组织条约草案》制定过程中,网络广播组织作为一个争议议题被搁置,也未被纳入"广

① 马法超:《体育赛事转播权法律性质研究》,《体育科学》2008 年第 1 期;胡峰、孔庆江:《体育竞赛转播权的法律性质研究》,《中国广播电视学刊》2007 年第 4 期。

播组织”。

二、国内关于体育赛事节目转播权版权保护的分歧

国内对体育赛事节目转播权版权保护的分歧存在著作权与邻接权之争，争议的焦点在于体育赛事节目的独创性标准是否符合作品构成的独创性标准。

（一）著作权说

《著作权法》中对“作品”的认定，除《著作权法》第三条规定的法定情形外，还需要满足三个条件：一定程度的独创性、可复制性和智力成果。在北京新浪互联信息服务有限公司诉北京天盈九州网络技术有限公司转播中超赛事案件中，法院认为对多个镜头选择、编排的结果，不同的机位设置，画面选取和编排、剪切等手段形成可供观赏的画面，是一种创造性劳动，不同的画面效果反映了其独创性，且其可以被复制在固定载体上，故赛事录制形成的画面，应认定为作品，受《著作权法》的保护。

持著作权说的学者认为，体育赛事本身虽不构成作品，但对以信号为载体的体育赛事节目转播所形成的画面中，存在转播者的劳动、技术和资金等的投入，剪辑过程中接入的对体育赛事的解说、评论等存在一定程度的创造性，系作者思想和感情的独创性表达。体育赛事的制作、转播是通过设置不确定的数台或数十台固定的或不固定的录制设备作为基础进行拍摄录制，形成观众看到的最终画面。观众看到的画面，与赛事现场并不完全一致，也并非完全同步，赛事转

播的制作程序,不仅包括对赛事的录制,还包括回看的播放、比赛及球员的特写、场内与场外、球员与观众、全部与局部的画面,并配有全场点评和解说,上述画面的形成,是编导对赛事录制镜头选择、编排的结果,并非单纯对体育赛事的机械记载,因此应该归属于《著作权法》中规定的作品范畴。因此,对经过编排、剪辑后的节目进行播送的行为,构成对作品的传播,故应在著作权法的范围之内对其定性。

(二)邻接权说

持邻接权说的学者认为,对以信号为载体的体育赛事节目转播所形成的画面中,虽有一定程度的转播者的创造性劳动,但此创造性劳动并未达到《著作权法》对作品要求的创造性高度,"'额头流汗理论'或'辛勤收集'原则是对版权基本原理的嘲弄"①。

通常情况下,在体育赛事从主办到赛事直播的整个过程中,会涉及赛事主办方、节目制作者、广播组织等多类主体,涉及基于体育赛事组织章程或相关协议约定产生所谓的"商业权利",基于现场拍摄、编辑和制作的体育赛事节目可能产生的以类似摄制电影的方法创作的作品或音像制品的权利,基于播出载有体育赛事节目的广播信号产生的广播组织权等多项权利。因此,在当下对体育赛事转播权的法律规定存在空白的情况下,可以参照邻接权中的录音录像制作者权或广播电视组织权进行保护。

1.录音录像制作者权

在央视国际网络有限公司诉被告北京暴风科技股份公司案②以

① Feist Pubs., Inc.v.Rural Tel.Svc.Co., Inc.499 U.S.340(1991).

② 参见北京市石景山区人民法院民事判决书(2015)石民(知)初字第752号。

及央视国际网络有限公司诉世纪龙信息网络有限责任公司案中，北京法院和广东法院均表明体育赛事节目并未达到《著作权法》的独创性要求。法院指出，摄制者对于比赛进程的控制、拍摄内容的选择、解说内容的编排以及在机位设置、镜头选择、编导参与等方面，能够按照其意志作出的选择和表达非常有限，尚不足以达到以类似摄制电影的方法创作的作品的独创性高度。

值得注意的是，在央视国际网络有限公司诉世纪龙信息网络有限责任公司侵害信息网络传播权案的判决书中，法官的裁判理由指出：根据《著作权法实施条例》第五条第三项的规定，赛事节目应当作为电影作品和以类似摄制电影的方法创作的作品以外的有伴音或者无伴音的连续相关形象、图像的录像制品予以保护，中央电视台对其享有录音录像制作者权。持录音录像制作者权的观点认为，体育赛事节目，不管如何选择摄像角度、画面，也不管采用了多少先进技术，最终也只是对体育赛事较为客观的记载，其独创性空间很小，应归属于录音录像制品。对录音录像制品进行传播的行为，应当在录音录像制作者权的范围内对其进行保护。

2.广播电视组织权说

广播电视组织权是指广播电视组织对其播放的节目信号享有的专有权利。广播电视组织获得广播电视组织权的依据并非制作节目，而是播放节目。广播电视组织对体育赛事进行录制并播放的权利来源于赛事组织者的授权。

《著作权法》第四十五条第一款第一项规定，广播电台、电视台有权禁止未经其许可将其播放的广播、电视转播的行为，此即广播电视组织对其传输节目的信号所享有的转播权。《著作权法》第四十五条所规定的广播电视组织权中的转播权，虽然可以控制以有线和无线方式进行的传播，但尚无法控制互联网环境下的网络实时转播行为。在网络时代，对广播电视组织最大的威胁在于，有些网站截取广播电视台的直播信号，把通过有线或无线系统传播的广播电视信号转化为数字形式在互联网上进行传播，广播电视组织却面临无法依据《著作权法》主张权利的困难处境。

（三）笔者观点

体育赛事节目因缺乏《著作权法》要求的作品独创性高度，不构成作品。以足球比赛为例，在足球比赛进程中，观众的视线主要跟随着球的运行轨迹移动，赛事播放的主线同样也是如此。而对于特写、回看场外和场内、球员和观众、全部和局部的画面，甚至进球和犯规的慢镜头，只是穿插在比赛进行中的次要环节，观众、摄制者、导播关注的是体育赛事本身，其他因素都是次要的。对于赛事而言，观众在对于何时看到何种角度拍摄的画面有较为稳定的预期，制作者对镜头的选取是相对稳定的技术性工作。不同的摄制、导播、解说者因人而异，他们有一定的水准、一定的经验，但在制作节目过程中，并非处于主导地位，并不能控制比赛的进程，对拍摄机位的设置、拍摄的内容、镜头的选择、解说的内容、编导的参与等能按其意志作出的选择和表达非常有限。因此拍摄体育赛事节目的独创性尚不足以达到《著作权法》规定的作品独创性的高度，不能构成作品。但因在体育赛事节目制作过程中存在资金、技术、劳动等的投入，因此对未有创作之行为或者仅有较一般作品创作性低的行为，可以依据邻接权中对创造性要求较低的录音录像制作者权、广播电视组织权等进行保护。

三、体育赛事节目转播权的邻接权保护

(一)以邻接权保护体育赛事节目转播权的合理性

“在大陆法系国家,创设邻接权的主要目的就是使某些不构成作品的成果也能受到著作权法的保护”。① 台湾学者罗明通认为,“在传统著作权中,仅保护作者的著作人格权和著作财产权,但在作品的利用过程中,表演者、录音录像制作者和广播组织负有极重大之任务,三者之间关系紧密,对文化之发展贡献甚巨,虽然单纯的表演、录音录像和广播未有创作之行为或仅有较一般作品创作性低的行为,其利益理应得到保护,但他们仅是作品的利用者,并非作品之创作者,不能给予著作权人相同的著作权保护,基于此种理由,乃设定保护次于著作权之新权利,称为著作邻接权”②。

独创性作为构成作品的必备要件,在大陆法系国家的著作权法和英美法系国家的版权法中均有所规定。然而,因对独创性要求不同,两大法系在判断独创性高低的标准上存在“质”的差别。英国《版权法》中,作品有三种类型:第一类是独创性文字、戏剧、音乐或艺术作品;第二类是录音、影片或广播;第三类则是出版物的版式设计。③ 美国《版权法》没有著作权与邻接权之分,只要体育赛事节目

---

① 王迁:《论体育赛事现场直播画面的著作权保护——兼评“凤凰网赛事转播案”》,《法律科学》2016 年第 1 期。

② 罗明通:《著作权法论》,台英国际商务法律事务所,2000 年,第 43—44 页。

③ See *UK Copyright Act*, Section1(1).

能被“固定在物质载体上”①,就能够被视为作品获得保护。因此,广播电视组织对体育赛事的录制可以作为“视听作品”受到美国《版权法》的保护。由此不难看出,以英、美两国为代表的英美法系国家在对作品的认定上采取了较低的独创性标准。有学者认为我国目前在著作权与邻接权的二元结构体系下对体育赛事节目的讨论存在不合理性,因而从根本上否定了“二元体系结构”的合理性,并指出用“视听作品”保护“体育赛事直播”的正当性。② 然而,独创性标准的设定必须和一国立法体系相适应。英国法律中不存在“反不正当竞争”的概念,版权法中对劳动投资的保护“被用来弥补一个不准确的反不正当竞争概念的空白”③。而在大陆法系国家,当无法在著作权法领域对体育赛事节目转播侵权行为进行认定时,可以转由反不正当竞争法来解决。

以邻接权界定体育赛事节目转播权的观点在学界得到了广泛认同,但对于体育赛事转播权在邻接权中的归属,学界仍然存在争论。笔者认为,对体育赛事节目转播权的认定离不开实际生活,应从现实语境出发界定体育赛事节目转播权在邻接权中的归属。

(二)体育赛事节目转播权中邻接权保护的权利选择

如前所述,对体育赛事节目转播权的认定离不开现实语境。在现实的商业案例中,体育赛事节目的转播通常存在两种商业模

---

① See *17 USC* 102(a).

② 卢海君:《论体育赛事节目的著作权法地位》,《社会科学》2015 年第 2 期。

③ Cornish, *Intellectual Property: Patents, Copyright, Trade Marks and Allied Rights* (3rd Edition), Sweet & Maxwell, 1996, p.355.

式:第一种模式是赛事组织者或主办方作为体育赛事节目的制作者,对其录制的赛事节目享有版权,并通过授权许可方式授权广播电视组织播送体育赛事节目。广播电视组织获得授权后,为提高体育赛事节目的观赏性,在播放过程中往往添加主持、解说等元素。常见的情况例如国内各大电视台对欧洲足球比赛的转播。第二种模式是经赛事组织者或主办方许可,广播电视组织作为体育赛事节目的制作者对自己制作的赛事节目享有版权,同时对其播送的赛事节目信号享有广播电视组织权。常见的情况例如我国对国外举办的奥运会赛事节目的转播。

1.以录音录像制作者权规制体育赛事节目转播权的缺陷

如前所述,体育赛事节目因缺乏作品要求的独创性高度,而应适用邻接权进行保护。在第一种商业模式中,赛事组织者或主办方作为体育赛事节目的制作者,对自己制作完成的录音录像制品授权其他组织进行播放的行为,构成对录音录像制作者权的行使。但是,在《著作权法》第三次修订的进程中,送审稿中将之前"电影作品和类似摄制电影方法创作的作品"的说法修改为"视听作品",同时删除了"录像制品"这一概念。依据其定义和第二稿的说明,其主要目的是明确"视听作品"作者的归属,并赋予"各创作作者从视听作品后续利用中获得报酬的权利"①。由此可见,其意并不在于降低"电影作品"的独创性,但因"录像制品"概念的删除,原先能成为"录像制品"的赛事节目是否还能够得到保护存在疑问。

以录音录像制作者权对体育赛事节目进行规制,意味着体育

① 参见《关于〈中华人民共和国著作权法〉(修改草案第二稿)修改和完善的简要说明》,国家版权局,2012 年 7 月。

赛事节目的权利人无法律依据去控制网络实时转播的侵权行为，而这恰恰是体育赛事节目权利人最关心的核心利益所在。有学者主张在当前法律未作明确规定的情况下，利用《反不正当竞争法》对体育赛事节目转播的侵权行为进行规制。[①] 司法实践中，有些案件的审理法官在找不到《著作权法》依据的情况下，最终用《反不正当竞争法》来保护体育赛事节目权利人的权益。[②] 上述用《反不正当竞争法》保护的弊端在于，该保护模式仅为在个案中认定有无受《反不正当竞争法》保护的消极权益，而非民事权利的积极赋权保护方式，这不能满足体育产业许可市场以权利为前提的授权机制需求，也不利于体育赛事节目转播市场秩序的建立。

2.以广播电视组织权认定体育赛事节目转播权的合理性

在“以信号换版权”的经营模式之下，体育赛事节目转播机构（通常为广播组织）通过购买赛事组织者或主办方的转播权，理论上获得了两个权利：第一个是受让而得的作为无形财产权的体育赛事转播权，第二个是作为邻接权的广播电视组织权。但是，这两个权利不是分割的，前者是后者成立的基础，后者之所以得到法律的保护，又是基于对包括前者购买在内的诸种投资，所以，后者包容并且替代了前者[③]。因此，在此种模式之下，广播电视组织对自己录制的体育赛事节目进行播放或者授权其他广播组织进行播放的行为，符合广播电视组织权的构成。

《著作权法》对广播电视组织权的权利范围进行了规定，广播

① 王迁：《论体育赛事现场直播画面的著作权保护》，《法律科学》2016 年第 1 期。
② 参见北京海淀区人民法院（2015）海民（知）初字第 14494 号。
③ 冯春：《体育赛事转播权二分法之反思》，《法学论坛》2016 年第 4 期。

电视组织权的主体为对传播的节目信号享有权利的主体，广播电视组织权的客体为广播电视组织发射的节目信号。我国所称的广播电视组织，指广播电台、电视台①，包括有线和无线方式的广播组织，但《著作权法》及其相关司法解释并没有对“广播电台、电视台”进行明确的界定，且广播电台、电视台的设立必须具备一定的资质。《著作权法》对“广播电视组织权”的规定基本沿袭了《罗马公约》和 TRIPS 协定的规定，后两者所称的“广播组织”仅指通过无线方式传播信号的组织。对于现实中频发的网络广播侵权行为，《世界知识产权组织版权条约》第八条已经以技术中立的方式规定了“向公众传播权”，可以规制以各种技术手段传播作品，包括对载有作品的信号进行转播的行为。② 由国家版权局报送国务院法制办公室，并公开征求意见的《著作权法》（修改草案）已经以技术中立的方式为广播组织规定了“转播权”，“使之可以规制以各种技术手段，包括通过互联网实施的转播行为”。③ 对于经许可实施同步转播的互联网网站而言，由于其往往实际使用的是电视台播出的信号④，在《著作权法》（修改草案）明确规定广播电视组织享有许可权的情况下，可以作为广播电视组织的专有被许可人行使广播电视组织权。

---

① 胡开忠、陈娜、相靖：《广播组织权保护研究》，华中科技大学出版社，2011 年，第 36 页。

② Sam Ricketson, Jane C. Ginsburg, *International Copyright and Neighbouring Rights: The Berne Convention and Beyond*(2nd Edition), Oxford University Press, 2006.

③ 王迁：《论体育赛事现场直播画面的著作权保护》，《法律科学》2016 年第 1 期。

④ Asser International Sports Law Centre, *Study on Sports Organisers' Rights in the European Union*, 2014.

四、结语

广播电视组织权的保护范围仅限于有线和无线方式，网络广播主体并不属于广播电视组织这一范畴，因此，将网络转播行为纳入广播电视组织权保护的范围之内是可行之道。本文认为，扩大转播权的保护范围的必要性在于：其一，从转播的类型角度分析，无论是广播电台转播、电视台转播还是互联网转播，其基本技术原理都是基于信号的获取，三者区别仅在于媒介不同，其实质并无本质差异。其二，从利益平衡角度分析，广播组织在播送体育赛事节目的时候，需要付出大量的人力、财力、物力成本，如果仅仅将广播电视组织转播权所保护的范围限制在传统有线和无线方式，则广播电视组织的权益将难以得到有效的保护。其三，体育产业是我国国民经济新的增长点，体育赛事节目的转播已成为体育产业发展的重要动力，在此情况下，赋予广播电视组织积极的民事权利，有利于促进体育赛事节目转播市场秩序的建立。

体育赛事转播权作为一种无形财产权，其源权利主体为赛事主办方、组织者，而在现实中，赛事主办方、组织者通常授权广播电台、电视台、网络等媒体对赛事节目进行录制并播送，取得授权的广播电视电台、网络等媒体对自己录制的赛事节目则享有广播电视组织权。值得注意的是，当下《著作权法》中，并没有将网络广播纳入广播电视组织的范围，但随着新媒体技术的发展，网络广播正在逐渐取代传统广播电视组织的主流地位，主导着大众视野，这种立法落后于时代发展的局面，使得现实生活中频发的网络广播侵权面临尴尬境地。因此，笔者认为，本次《著作权法》修订应紧跟时代发展，考虑网络广播在广播组织中的地位。

参考文献

[1]王迁.知识产权法教程[M].北京:中国人民大学出版社,2011.

[2]李秀娜.非物质文化遗产的知识产权保护[M].北京:法律出版社,2010.

[3]吴汉东.知识产权制度基础理论研究[M].北京:知识产权出版社,2009.

[4]郭树理.国际体育仲裁的理论与实践[M].武汉:武汉大学出版社,2009.

[5]易剑东.大型赛事报道与媒体运行[M].杭州:浙江大学出版社,2008.

[6]王迁.网络版权法[M].北京:中国人民大学出版社,2008.

[7]蒋志培.著作权新型疑难案件审判实务[M].北京:法律出版社,2007.

[8]雷炳德.著作权法[M].张恩民,译.北京:法律出版社,2005.

[9]寿步,张慧,李健.信息时代知识产权教程[M].北京:高等教育出版社,2003.

[10]胡康生.中华人民共和国著作权法释义[M].北京:法律出版社,2002.

[11]郑成思.知识产权法教程[M].北京:法律出版社,1993.

[12]张钦坤,田小军.体育赛事网络版权生态保护探讨[J].中国版权,2015(5).

[13]丛立先.体育赛事直播节目的版权问题析论[J].中国版权,2015(4).

[14]朱玛.利益平衡视角下体育赛事转播权的法律保护[J].河北法学,2015(2).

[15]李圣旺.大型体育赛事转播权的法律性质分析[J].特区经济,2006(4).

[16]蒋新苗,熊任翔.体育比赛电视转播权与知识产权划界初探[J].体育学刊,2006(1).

[17]吴汉东.形象的商品化与商品化的形象权[J].法学,2004(10).

[18]张旭霞.浅谈体育比赛转播权的法律性质[J].电视研究,2002(10).

一、引言

数字图书馆是目前高等院校图书馆的主要服务项目之一,其为师生获取高效优质的信息知识资源提供了很大的便利。在社会上,商业性的数字图书馆并不鲜见,其对广大网络用户的重要性也不言而喻。数字图书馆在为人们的生活和工作带来便利的同时,其所面临的法律风险也应该引起重视,其中最重要的一点就是数字图书馆的版权保护问题。对数字图书馆版权进行充分的保护,可以推进数字图书馆事业的高速发展,增加公众获取知识和信息的便利性,促进知识的传播与科学技术的进步。因此,保护数字图书馆版权的意义重大。下面我们来看两个案例。

(一)案例

第一个案例是北京书生数字图书馆软件技术有限公司(以下简称"书生公司")与北京世纪超星信息技术发展有限责任公司(以下简称"超星公司")不正当竞争纠纷上诉案。① 此案中,超星公司称,其于 2001 年将《中国教育管理精览》等书制作成电子图书,供读者阅

① 参见北京市第一中级人民法院民事判决书(2009)一中民终字第 9152 号。

读，而书生公司对这几本图书没有采取直接扫描或者录入纸质图书内容的方式制作电子图书，而是通过避开超星公司针对电子图书采取的技术措施，复制该电子图书的文件，属于不正当竞争行为，要求书生公司赔礼道歉、消除影响，并且赔偿损失。书生公司在答辩中称涉案图书中的部分图书已经超过《著作权法》保护的期限，可以随意使用，且超星公司没有证明超星数字图书馆里亦有涉案图书的内容。对此，法院认定书生公司的答辩矛盾重重，不能成立。一审法院和二审法院均判决超星公司胜诉，书生公司应停止侵权，并赔偿超星公司相关损失。

第二个案例是谷歌数字图书馆系列案。① 谷歌公司作为一个巨型互联网企业，于 2004 年开始寻求与图书馆和出版商合作，通过大量扫描图书的方式，来打造世界上最大的数字图书馆，并且使用户可以利用“谷歌图书搜索”功能在线浏览图书或获取图书相关信息。这一规模庞大的计划从一开始就困难重重，尤其在是否侵犯版权方面引起了争议。2005 年，美国作家协会与美国出版商协会对谷歌公司提起了集体诉讼，指责谷歌公司未经授权扫描整本图书，侵犯其版权。自此，美国版权人开始了与谷歌公司旷日持久的官司，而其他国家的权利人也纷纷效仿，在世界各地将谷歌公司告上了法庭。2016 年 4 月 18 日，“美国最高法院作出的一纸判决，宣告谷歌和美国作家协会（Authors Guild）围绕前者未经允许擅自扫描数百万版权图书的诉讼最终落幕（或者仅仅只是告一段落），这场官司历时超过 10 年，而最终的结论是：谷歌的做法系正当使用”②。

---

① 参见《11 年官司终了结，美国最高法院：谷歌扫描图书不侵权》，中国信息产业网。

② 参见《美最高法院判定谷歌扫描版权图书系正当使用》，搜狐网。

(二)问题

从以上两个案例中,我们可以看出数字图书馆在运营的过程中有两大难题。

第一,数字图书馆被侵权。数字图书馆在获得权利人授权之后,将资源加工上传或者直接上传至其数据库,然后通过授权用户使用该数据库来获取利润。在整个过程中的任一环节,该数字资源都可能被泄露,这就会导致数字图书馆高价获得的授权变得一文不值,数字图书馆的劳动成果受到损害。因此,我们需要对数字图书馆的权利进行保障。

第二,数字图书馆被诉侵权,但其实并没有侵权。在谷歌数字图书馆被诉侵权案中,长达10年的诉讼过程,不仅严重耗费了司法资源,还给这个项目的推进造成了阻碍,其中的经济损失难以准确计算,而且对于公众来说,可以方便获取图书资源的时间起点大大延迟。因此,数字图书馆制作电子图书的合法与否也需要进行界定。

二、数字图书馆的法律界定

(一)数字图书馆的定义

数字图书馆目前并没有一个统一的定义,各个机构和学者都对其有着不同的解释。

数字图书馆(Digital Library)的概念最早出现于美国国家信息基础设施(National Information Infrastructure)计划,而随着美国在1991年开始对数字图书馆的研究之后,英国、法国、日本、德国、意大利等国家也开始投入巨资进行本国的数字图书馆建设。[①] 数字图书馆的规模与质量能够反映一个国家信息资源建设的水平。

我国著名图书馆学学者陈传夫对数字图书馆有如下描述:“数字图书馆是一个系统化的信息工程,它将分散于各种载体、不同地理位置的信息资源以数字化形式存储再以网络连接,提供及时利用,实现资源共享。”[②]中国国家图书馆认为数字图书馆为国家信息基础设施提供关键性信息管理技术,同时提供其主要的信息库和资源库[③],是我国国家信息基础设施的核心。

从数字图书馆的特点来看,数字图书馆是利用现代信息技术获取、存储、存取、发布信息的一种特殊的图书馆。

(二)数字图书馆的特征

图书馆在版权法中具有举足轻重的地位,其作为纽带将作者、出版商、读者联系在一起,为社会文化的传播和发展提供便利。数字图书馆与传统图书馆由于运营形式上的不同,有其特殊的一面。

第一,资源数字化。数字化的资源是数字图书馆建立的基础。与传统图书馆的馆藏书籍一样,数字化的资源是数字图书馆的价值所在。实体书籍的物理属性使其在借阅时会受到空间和时间上的限制,一本图书没有办法同时借给两个读者,而且物理上的距离也会对读者的借阅需求产生影响。而数字图书馆则可以通过信息网络,跨越时间和空间的限制,全方位地为读者提供借阅服务。

---

① 彭双五:《数字图书馆的著作权法律问题研究》(武汉大学博士学位论文),2013 年。

② 陈传夫:《信息高速公路知识产权问题探讨》,《情报学报》1999 年第 1 期。

③ 赵峰涛:《浅议民办高校数字图书馆建设》,《西江月》2013 年第 1 期。

第二,资源规模化。传统图书馆的建立会考虑地理位置、占地面积、工程量等空间和时间上的因素,图书馆馆藏作品的数量几乎从根本上决定了图书馆的质量。在当今社会土地资源相对紧俏的情况下,这些因素往往会对图书馆的质量产生巨大的影响。相对于传统图书馆,由于硬盘等数字化存储设备的存在,数字图书馆就容易容纳更多的馆藏,数字图书馆的建设几乎不用考虑此类问题。

第三,资源节约化。传统图书馆的运营需要很多的人力去维护和看管,也需要良好的环境去保存珍品书籍,书架上或者仓库里的馆藏增加管理难度,而且馆藏在借出之后往往会面临着损耗和灭失问题,这在图书馆的日常运营工作中占了很大的比重。而数字图书馆一旦建立起来,除了维护设备的正常运行,几乎不用考虑如何保养馆藏作品的问题,既节约了人力资源,也减少了运行开支。

(三)数字图书馆的性质

自图书馆在人类社会诞生以来,就一直肩负着传播知识、保存文化和开发信息资源的使命。数字图书馆作为图书馆的一个类型,当然具有相同的任务。

第一,公益性。国际图联,即国际图书馆协会联合会(IFLA)在其一项声明中就指出:“图书馆是一项公益性事业,是唯一致力于向公众提供最宽广范围的信息和思想的社会组织……图书馆长期建立起来的自由使用信息和有平等机会接触信息及文化表达的传统,构成了确保图书馆的这些宗旨实现的基础。”①目前学界对数字图书馆

① 华海英、程红莉、况能富:《国际图联关于 WTO 的立场性申明》,《图书馆》2002 年第 2 期。

的公益性与营利性有争论,但笔者认为,无论数字图书馆是否以营利为目的而建立,只要具有开放的或者相对开放的用户群体,那么其传播知识的功能就会一直存在,所具有的公益性就不可否认。数字图书馆运营时营利与否不能影响其传播知识的功能,也就不影响其公益性。

第二,继承性。《国际图联关于在数字环境下版权问题的立场(2000)》指出:"保存信息和文化的责任属于图书馆和信息行业,版权法不应该阻止图书馆依靠新技术来改进保存资料的技巧。版权法应允许图书馆和档案馆把享有版权的资料转换成数字形式,以实现保存和维护资料的相关目的。"①数字图书馆在将馆藏作品提供给用户借阅的同时,当然也保存了相关资源,其保存文化的功能也就显而易见了。

第三,网络性。数字图书馆的服务是基于网络存在的,如果没有网络,数字图书馆就相当于一个仓库,价值显然大大降低。数字图书馆的传播方式和阅读方式与传统图书馆不同,这也是数字图书馆存在的价值所在。数字图书馆的诞生使得文化作品从没有像现在一样能够便利获取。网络性是数字图书馆最典型也最重要的性质。

三、数字图书馆的法律地位和权利分析

数字图书馆作为一项巨大的工程还相对年轻,并没有长久的历史经验可以借鉴,数字图书馆也需要不断适应当前的社会环境,并且

① 参见《国际图联关于在数字环境下版权问题的立场(2000)》(2003 年 8 月中文版最新修订)。

不停地完善和发展。要研究数字图书馆的版权保护问题,首先要认清数字图书馆的法律地位,再据此来确认数字图书馆享有的权利,最后才能有针对性地进行保护。

(一)法律地位

对于数字图书馆的法律地位,目前并没有形成一个统一的认识。传统版权法是将作品权利人划分为创作者、传播者和使用者三个角色来进行规制的,在版权法没有进行重大修改的情况下,我们首先要明确数字图书馆在作品传播过程中扮演的角色,并且在不同角色的基础之上,来确认数字图书馆的权利。对于数字图书馆的法律地位,理论界有以下几种说法。

1.普通网络内容提供者说

数字图书馆在运营过程中,可以像网络内容提供者ICP(Internet Content Provider,是指拥有自己的主页,通过互联网定期或不定期地向上网用户提供信息服务并以此为业的网站)一样通过选择、编辑加工自己或他人创作的作品,将其登载在互联网上或者通过互联网发送到用户端,供公众浏览、阅读、使用。[①] 在很多情况下,数字图书馆从事相关图书馆服务时其性质和网络内容提供者并无本质上的区别,所以在这些情况下,规范网络内容提供者的法律法规也同样适用于数字图书馆。

如果把数字图书馆当成普通网络内容提供者来看待,那么数字图书馆具有以下几点特征:首先,数字图书馆的建立要经过一定的程

---

① 曾晓珠:《网络内容提供者ICP的侵权责任——以数字图书馆为例》,《数字图书馆论坛》2007年第2期。

序。例如企业经营的数字图书馆的建设和运营要符合相关的法律法规,而非营利性质的数字图书馆的建立也要符合相关的内部规定或者外部规定,实体图书馆建立的数字图书馆网站要在工信部等部门备案。其次,数字图书馆在提供服务的时候,空间和时间并没有对其产生太大的限制。从数字图书馆的服务性质来看,它的主要业务是收集、整理和存储各种数字化作品,并利用网络技术向社会公众提供这些数字化作品资源,所以其用户可以遍及全球,其服务在时空上是无限的。[①] 最后,数字图书馆的服务作为一种互联网服务,要受到互联网相关法律法规的约束,数字图书馆应当对其提供的内容的真实性和准确性负责,不能提供违反法律法规的内容。

2.最终用户说

在我国,传统的公办图书馆是科学文化事业单位,其角色为最终用户。这种情况是因为传统公办图书馆的主要性质为公益性,这类图书馆一般都会得到行政机关、事业单位或国有企业的投资,在建设、人员使用、日常管理等各个方面都会得到协助。这一现象的存在往往使得该类图书馆在版权法中被当作最终用户(读者)来对待,其可能承担的版权责任得到相应的减小,但是享有的权利也会受到限制。

一般情况下,版权人的利益受到的威胁往往来自其他创作者或者作品传播者,而读者,也就是最终用户,往往不是版权法关注的重点,所以传统版权法对权利人的保护一般针对的也是其他创作者和作品传播者。即便对使用者或读者有所涉及,也多是从限制版权人

---

① 彭双五:《数字图书馆的著作权法律问题研究》(武汉大学博士学位论文),2013 年。

的相关权利,保障最终用户利益的角度来进行规定的。① 根据权利穷竭原则,凡是合法取得知识产权产品的人,只要不侵犯权利人的独占权,就可以对该产品自由处分。数字图书馆作为最终用户,只要其作品复制件的来源合法,则有权对其进行自由处分而不受版权人的限制。

法律之所以对最终用户作出这样的规定,主要是由于最终用户通常代表着公共利益,加之考虑到知识产品不是属于某一个人或某一社会组织,而是属于全人类社会的共同财富,所以立法者试图通过赋予或者确认最终用户的某些权益,来维持版权人和公共利益之间的平衡。② 如果将数字图书馆作为最终用户来对待,那么其对版权作品的使用将在很多情况下被视为合理使用。

3.数字传播媒体说

数字传播媒体是利用数字媒体技术获取存储、处理和传输信息的过程,传播者和受传者进行信息的编码解码都是以数字化的方式实现的,这种数字化的传播方式具有互动性、整合性、多样性和不确定性等特点。③

从以上定义可以看出,数字图书馆与数字传播媒体的法律性质相似,其法律责任与其他公共传播媒体并没有太大的区别,但是其本身所具有的特点使其承担着更多的传播知识、保存文化的使命。所以,数字图书馆虽然具有一些与数字传播媒体相似的法律性质,但其法律地位不仅限于数字传播媒体,其提供的公益性的服务才是着重

① 韦之:《著作权产品最终用户的法律责任探讨》,《著作权》2000 年第 4 期。
② 同上。
③ 杨亚萍:《数字媒体及其传播模式研究》,《甘肃科技》2009 年第 11 期,第 54—57 页。

影响其法律性质的方面。

4.作品传播者说

张平教授认为,数字图书馆是一个具有多重权利的主体,不仅扮演着作品利用者的角色,还扮演着版权人的角色和网络服务提供者的角色。[①] 从实践上来看,数字图书馆主要从事的业务就是对数字信息的网上传播,且其主要资源是已公开发表的作品,数字图书馆可以被视为像广播、电视、报纸那样的作品传播者。在这种情况下,数字图书馆显然享有作品传播者权,也就是邻接权。数字图书馆在作品信息网络传播的过程中,具有以下几个特点。

第一,数字图书馆作为一种特殊的信息网络传播者,其本身就对作品进行了加工,其劳动成果具有创造性,其对作品的传播作用不能忽视。第二,数字图书馆对作品创造性的处理或者投资和其作品传播者的角色符合邻接权主体的构成要件,数字图书馆作为邻接权的主体完全恰当。第三,创作者数字化之后的作品的版权相关权利的实现有赖于数字图书馆,数字图书馆传播知识的使命使其成为影响作品传播的重要力量。

5.以上学说的评析及笔者观点

从上文可以看出,数字图书馆在数字作品传播过程中可能会扮演着不同的角色,其所处的法律地位和享有的权利也会不同。我们不能片面地看待数字图书馆的法律地位和权利,而要综合起来进行分析,以便在遇到相关问题的时候不至于手足无措。

普通网络内容提供者说:当数字图书馆作为网络内容提供者的

---

① 张平:《数字图书馆建设中的法律问题及对策研究》,《国家图书馆学刊》2004 年第 4 期。

时候,其自身加工整理而获得的数字资源是其劳动的成果,并且如果数字图书馆自身研发了阅读浏览软件,例如中国知网的CAJ阅读器,那么其本身所享有的权利应该按作者来对待,这一点在《著作权法》和《计算机软件保护条例》等法律法规中都有体现。但是如果只把数字图书馆当成单纯的网络内容提供者,那么从"引言"中的第二个案例来看,数字图书馆所具有的明显的作品传播者的功能则被忽视。这种情况下不利于保护数字图书馆所具有的邻接权,也不利于保护真正的版权人的权利。

最终用户说:当把数字图书馆作为最终用户来对待的时候,其享有的就是在不影响原有权利人权利情况下对数字作品的处置权,权利穷竭原则所针对的就是这一种情况。但是如果原有权利人声明对使用权中的某项加以限制,并且这一限制符合相关法律法规的规定,例如限制出租权或者展览权等,那么数字图书馆的权利就必然受到约束。如果片面地将数字图书馆只看作最终用户的话,将会严重制约数字图书馆的正常经营和发展,既损害数字图书馆本身的利益,也削弱公众获取知识的能力。

数字传播媒体说:数字图书馆作为数字传播媒体的时候,其所享有的权利也有著作权、邻接权以及法律规定的其他一些权利,但更多的还是要求数字图书馆对其发布内容的真实性和准确性负责。这就要求数字图书馆在收录作品、广播作品的时候慎重对待,不能只注重数量而忽视质量。如果把数字图书馆当作单纯的数字传播媒体,则很难对数字图书馆的著作权和邻接权进行保护,也不利于监督数字图书馆的运营管理。

作品传播者说:目前,数字图书馆在作品的传播过程中所扮演的最常见的角色就是作品传播者。这与数字图书馆自身的特性有关,也与现代社会对图书馆的需求有关。数字图书馆作为作品传播者,其享有的权利是邻接权。我国版权相关法律法规并没有明确界定“邻接权”一词,而是将其统称为“与著作权有关的权利”。《著作权法》中规定的传统意义上的广义的邻接权的主体,包括出版者、表演者、录音录像制作者、广播电台、电视台,随着《信息网络传播权保护条例》的颁布实施,邻接权的主体则又增加了信息网络传播者这一新的类型。在将数字图书馆看作作品传播者的时候,虽然可以很好地保护数字图书馆的邻接权,但是却会忽视数字图书馆本身所享有的著作权。

笔者认为,通过以上分析,可以知道,无论在什么时候,都不能单纯地去看待数字图书馆的法律地位,数字图书馆在不同的情形下往往扮演着不同的角色,需要全面地分析和看待。在“引言”的第一个案例里,超星公司是作为享有邻接权的被侵权人出现的,而在第二个案例里,谷歌公司享有的是邻接权和著作权。

(二)权利分析

数字图书馆在拥有不同的法律地位时享有不同的权利,这些权利包括著作权、邻接权和作品的处置权。针对这一情况,我们需要对数字图书馆的具体权利进行分析。

1.著作权

数字图书馆享有的著作权通常来说是自建数据库的著作权和计算机软件的著作权,这些权利当然应该受到保护。

(1)数据库的著作权

在数字图书馆的建设中,会开发和使用大量的数据库,如科技书目数据库、音像数据库、社科书目数据库,等等。[①] 数字图书馆自建的数据库往往是其进行汇编的劳动成果。目前,我国对数据库的法律保护主要体现在《著作权法》和《反不正当竞争法》中,另外在民法中也略有涉及,但主要体现在合同法、侵权责任法和不当得利等方面,并不具有特殊性。《著作权法》第十四条[②]对汇编作品进行了规定,这一规定最关键的一点是要求数据库具有独创性,而独创性往往也是最难以界定的。对此,有作者认为,著作权法意义上"独创性"中的"独"是指独立创作、源于本人,排除抄袭等伪创作行为。"独创性"中的"创"是指一定水准的智力创造高度,即创作成果要具有一定程度的"智力创造性",能够体现作者独特的智力判断与选择、展示作者的个性并达到一定创作高度要求。[③]《反不正当竞争法》第二条规定:"经营者在生产经营活动中,应当遵循自愿、平等、公平、诚信的原则,遵守法律和商业道德。"这一条是数据库受到《反不正当竞争法》保护的基础,但是这种原则性的保护并没有对数据库的具体保护规则进行规定,所以说只有在数据库侵权者的侵权行为达到违反市场竞争秩序的程度时,《反不正当竞争法》才可以被适用,在此意义上,对于不当获取未经他人授权的非作品类资料库的行为,《反不正当竞

① 程文艳:《浅谈数字图书馆的著作权保护问题》,《燕山大学学报(哲学社会科学版)》,2001年第4期。

② 《著作权法》第十四条规定:"汇编若干作品、作品的片段或者不构成作品的数据或者其材料,对其内容的选择或者编排体现独创性的作品,为汇编作品,其著作权由汇编人享有,但行使著作权时,不得侵犯原作品的著作权。"

③ 王迁:《知识产权法教程》(第三版),中国人民大学出版社,2011年,第25—31页。

争法》相对于《著作权法》的保护,可以说是很有价值的补充保护。①

(2)计算机软件的著作权

数字图书馆在建立起自己的数据库之后,为了自身经济利益或者出于版权保护的需要,往往会开发出自己特有的阅读软件,例如中国知网的CAJ阅读器、超星公司的超星客户端、书生公司的书生阅读器等,这些软件的著作权当然应该受到保护。我国法律法规对计算机软件的保护主要体现在《著作权法》和《计算机软件保护条例》上,其他法律法规也略有涉及。《著作权法》第三条第八项规定计算机软件也受其保护,《计算机软件保护条例》在经过两次修改之后也大大加强了计算机软件的保护力度,完善了计算机软件的保护方式。但是目前计算机软件的保护方式仅仅体现在保护其内容方面,而计算机软件内容和形式上的双重属性使其目前所受到的保护还不够完善。

2.邻接权

数字图书馆的多重身份使得传统版权利益划分被推翻,因此版权利益的平衡也成为数字图书馆版权问题的焦点,其根本原因在于图书馆作为实实在在的信息传播者,却不能如其他传播媒体那样被赋予邻接权人的地位,享有相应的权利,承担适中的义务与法律责任。因此,在赋予数字图书馆一定的邻接权之后,数字图书馆在某些情况下的法律权益将会得到保障。

(1)邻接权的概念

邻接权的原意是与著作权相邻的权利,其确切含义应是作品传

---

① 高梦昱:《数据库法律保护研究》(温州大学硕士学位论文),2015年。

播者所享有的权利。在国际上是对表演艺术家、录音制品的制作人和广播电视组织所享有权利的称谓。为与作品的原创相区别,《伯尔尼公约》的很多成员国习惯上把艺术表演、录音制品的制作和广播电视节目的制作归为传播作品的行为。在《著作权法》中,邻接权包括出版者权、表演者权、录音录像制作者权和广播电视组织权。

(2)邻接权与数字图书馆

数字图书馆作为一个基于网络而存在的资源集合,可以让读者通过数字图书馆网站搜索作品并且进行阅读,在这一过程中数字图书馆通过对作品的提前整理归类,并加以简介来方便读者的搜索,其对于作品的传播显然具有促进作用。数字图书馆通过网络传播信息,在版权法中的地位是与广播电台、电视台相似的,并没有本质上的不同。而根据上述邻接权的本意,数字图书馆显然或多或少地应当享有邻接权,不能将数字图书馆排除在邻接权的主体之外。而且数字图书馆在利用其资源的时候显然享有信息网络传播权,是信息网络传播权的主体,信息网络传播权具有的版权和邻接权的双重属性也说明数字图书馆应当享有邻接权权益。

四、数字图书馆数据库的保护方式

目前,大多数的数字图书馆都是建立在自身数据库的基础之上,这些数据库也大多是由数字图书馆自身所建立的。如果要保护数字图书馆的合法权益,就要对数字图书馆的数据库进行保护。

(一)数据库的版权保护

1.数据库的汇编作品保护

目前,大多数国家都是利用版权法来对数据库进行保护的,利用版权法来对数据库进行保护最大的好处就是方便。目前,美国、德国、中国等国以及世界贸易组织、世界知识产权组织等国际组织大都利用版权法保护数据库,把数据库作为汇编作品加以保护,并且汇编的内容既可以是享有著作权的作品,也可以是不享有著作权的其他数据、材料。但也有极少数国家,如日本,将数据库规定为一种独立的与文字、音乐、计算机程序并列的作品。①

数据库的版权保护,要求数据库在内容的选择或者编排上具有独创性,并且只保护数据库的选择或者编排,而不保护其中的内容,是因为组成数据库的数据本身就拥有版权。《著作权法》将数据库的独创性作为数据库受到版权保护的一个必不可少的条件,这与《伯尔尼公约》《TRIPS 协议》《WIPO 版权公约》的规定是相一致的,并且说明独创性已成为数据库版权受到保护所公认的要件,但是这一要件是否准确,仍然有待商榷。

《著作权法》并没有一个明确的数据库独创性的标准,这使得在实际应用中,数据库的建立者或者法官无法把握数据库的独创性是否存在,只能基于个人感受或者个人理念来判断数据库是否应受到《著作权法》的保护。另外,在某些情况下,数据库的编排很难体现出独创性,例如一个广受欢迎的庞大的数据库的内容越是丰富,其编排

---

① 李扬:《数据库法律保护研究》,中国政法大学出版社,2004 年,第 20 页。

的独创性则越低，因为数据库内容的丰富将会使得数据最终变成一种简单的罗列，而无法进行精简和选择。在这种情况下，《著作权法》将无法对数据库进行充分的保护。

2.数据库的特殊权利保护

数据库的特殊权利保护是在版权法无法保护数据库制作者的投资利益这一情况下应运而生的。特殊权利保护的目的在于以"额头出汗"原则为基础，保护数据库制作者在时间、金钱、智力、资源等方面的实质性投入，增强对数据库的保护力度，《欧盟数据库指令》是此种权利保护的代表性法律。该法律在向数据库提供版权法保护的同时，明确设立了特殊权利保护制度。《欧盟数据库指令》"对数据库特殊权利保护的规定主要体现在其第七条第一款中，该款规定：'各成员国应为在数据库内容的获取、检验、核实或选用方面，经定性与或定量证明作出实质性投入的数据库制作者规定一种权利，即防止对数据库内容的全部或经定性与或定量证明为实质性部分撷取和/或反复利用的权利'。在这里，'投资'标准取代了版权法的'独创性'标准，而'投资'可以从数量和质量两个角度衡量，不仅包括经费的投入，还指人力、物力及其他资源的投入"①。

"数据库特殊权利保护是为了适应数据库产业发展而产生的一种新型知识产权保护法律制度，它被用作统称类似而又独立于版权、专利、商标等专门法律制度之外的知识产权保护，它与版权保护所适用的原则和标准是截然不同的。"②版权保护的是作者具有独创性的

① 刘晶：《数字图书馆的著作权问题研究》（中国海洋大学硕士学位论文），2006年。

② 马红春、牛根义：《国外数据库的知识产权保护模式及其对我国的启示》，《河南图书馆学刊》2006年第3期。

表达形式而不是其所采用的内容、材料和思想。特殊权利保护以保护投资者的经济利益为目的,将保护范围从表达形式延伸至信息内容本身。①

3.数据库的技术保护措施

技术保护措施(Technological Protection Measures,简称 TPM),也称技术措施(Technological Measures),是版权人或者与版权人有关的权利人为了保护自己的版权或与版权有关的权利而采取的私力救济方法,它指的是版权人或相关权利人为了防止他人非法授权接触使用其作品或录音录像制品而采取的技术上的手段和方法。②

技术保护措施是一种预先的在侵权行为发生之前的自力救济手段,主要起到防患于未然的效果。技术保护措施并不是一种新鲜事物,但是版权法将其纳入保护范围则是非同寻常的,主要原因还是随着数字技术的发展,作品的非法复制和传播都变得极其便利,如果不提前采取一些防范措施,而仅仅依赖于侵权行为发生之后的司法保护或者行政保护,将会使维权变得极其烦琐,不利于权利人权益的保护。

《著作权法》对技术保护措施也有相关规定,第四十七条第六款对故意规避技术措施的行为规定了相应的法律责任。《信息网络传播权保护条例》第四条③对此也有规定。

---

① 马红春、牛根义:《国外数据库的知识产权保护模式及其对我国的启示》,《河南图书馆学刊》2006 年第 3 期。

② 李扬:《技术措施权及其反思》,《网络法律评论》,2002 年第 1 期第 2 卷,第 6—7 页。

③ 《信息网络传播条例》第四条规定:"为了保护信息网络传播权,权利人可以采取技术措施。任何组织或者个人不得故意避开或者破坏技术措施,不得故意制造、进口或者向公众提供主要用于避开或者破坏技术措施的装置或者部件,不得故意为他人避开或者破坏技术措施提供技术服务。但是,法律、行政法规规定可以避开的除外。"

（二）数据库的《反不正当竞争法》和民法保护

数据库的版权保护只能保护其选择或者编排的独创性，而对内容则不提供保护，然而数据库中真正有经济价值的恰恰是数据库中所包含的内容，这就导致了版权法对数据库的保护十分有限，要想充分保护数据库制作者的权利，《反不正当竞争法》和民法是最好的补充。

根据《反不正当竞争法》的一般原则，只要当事人之间存在竞争关系，提供的产品或者服务相同或者具有可替代性，行为人的行为构成法定的或者司法机关依据《反不正当竞争法》的基本原则进行自由裁量的不正当竞争行为，不管行为人的行为非法复制的是数据库制作者独创性的选择或者编排，还是没有独创性的内容，都将构成不正当竞争行为，依法应当受到制裁。[①]《反不正当竞争法》第二条的原则性规定是数据库反不正当竞争保护的依据所在，但是这一过于笼统的规定也给自由裁量权以极大的发挥空间。在司法实践中，《反不正当竞争法》对数据库的保护也可以适用与商业秘密有关的条款，将数据库看作一种商业秘密来进行保护，但是这种保护对数据库的种类有限制，开放式的数据库显然无法受到此种类型的保护。另外，《反不正当竞争法》只对竞争对手的行为进行规制，如果是竞争对手以外的人的恶意行为，将无法适用《反不正当竞争法》来进行抵制，这时候就需要民法来进行补充。

与数据库保护有关的民法通常是《合同法》和《侵权责任法》。

---

① 李扬：《数据库法律保护研究》，中国政法大学出版社，2004 年，第 68—69 页。

就《合同法》而言，数据库提供者往往会与数据库使用者签订一系列的使用合同来规范双方的权利和义务，利用合同对数据库使用者的使用目的和方式进行限制，从而达到保护数据库相关权利的效果。[①]但是这种保护的局限性在于其所针对的对象是特定的合同方，仅对合同方有拘束力，对其他加害人则没有。在《侵权责任法》方面，它所要保护的是具体的民事权益，其原则性的规定是《著作权法》的补充。这种保护在面对没有受到《著作权法》保护的数据库时保护了数据库权利人的权益，但是其因范围过于宽泛也会引起争议。

《反不正当竞争法》和民法对数字图书馆数据库的保护是有限的，而且绝大部分时候并不能独立适用，但是这两种保护以其原则性的规定对数字图书馆数据库的版权法保护做了有益的补充，人们需要对此加以重视。

五、我国数字图书馆版权保护存在的问题

（一）立法现状

正如前文所述，目前我国可以适用于数字图书馆版权保护的法律主要有《著作权法》《著作权法实施条例》《计算机软件保护条例》《信息网络传播权保护条例》等法律法规，加上《关于审理计算机网络著作权纠纷案件适用法律若干问题的解释》《关于审理著作权民事纠纷案件适用法律若干问题的解释》《关于办理侵犯知识产权刑事案件适用法律若干问题的意见》等相关司法解释，再结合《反不正当竞争法》和民

① 高梦昱：《数据库法律保护研究》（温州大学硕士学位论文），2015 年。

法中的一些法律法规,这些法条基本上可以在司法实务中适用于数字图书馆版权保护的各个方面。然而目前我国数字图书馆版权保护实务中的问题在于,这些可以适用的法条都十分零散,很多时候都是一个条款或者几句话的概括,十分不利于提高实务中处理案件的效率和准确度,而且如果律师或者法官业务素养不够高的话,往往会对当事人的合法权益产生实质影响,不利于司法的公正。

在"引言"的第一个案例中,最终解决所适用的法律是《反不正当竞争法》,这是在《著作权法》等相关版权专门法无法准确适用的情况下,所进行的一种兜底保护,这种保护虽然保护了超星公司的合法权益,但是旷日持久的案件审理,不尽如人意的赔偿数额,都使法律保护的力度和准确度不能令当事人完全满意。这一案件可以说明,专门的数字图书馆版权保护立法是有必要的,专门的立法既有利于法院及时处理和解决纠纷,也有利于当事人合法权益的维护。

"引言"的第二个案例虽然源自美国,但是也具有很高的借鉴价值。在这一案例里,最终解决问题所运用的有著作权集体管理条款,也有合理使用条款,更多的还是通过版权法来对数字图书馆本身的劳动和知识产权进行保护。虽然中美两国法系不同,但是我国法律里也有合理使用和著作权集体管理的相关内容,而且我国法律对数字图书馆版权的保护也有较为详细的规定,不过这些规定相对分散。这一案件的最终解决,启示我们可以进一步加强对数字图书馆版权保护制度的构建。

从这些与数字图书馆相关的法律法规内容来看,《著作权法》和《反不正当竞争法》是立法层级最高的法律,其他的则是一些行政法规和司法解释。而且《反不正当竞争法》主要是在数字图书馆面对版权商业竞争时的一个兜底法律，并不具有很高的适用性。在司法实务中，法律法规的分散必然会导致司法效率的低下，而且可能会影响司法的公正。那么提高立法层级，进行专门立法，将会有效解决这个问题。如果专门立法可操作性不强的话，那么对《著作权法》进行一定的修改，加入更加具体明确的规定，也可以为此类问题的解决提供更加有力的保障。

（二）司法实践

根据中国裁判文书网的案件检索显示，自 2009 年到 2016 年年底，与数字图书馆有关的案件共有 196 起，除去 3 起刑事案件（其中两起盗窃案，一起贪污受贿案）和 5 起劳动纠纷案件，共有 188 起案件与数字图书馆知识产权与竞争纠纷有关。而在同期，该网站上知识产权与竞争纠纷的案件则多达 40106 起，也就是说数字图书馆知识产权与竞争纠纷案件仅占同类案件的 0.47%。从案件数量来看，知识产权与竞争纠纷案件的数量逐年（2009—2016）增加，此外，与数字图书馆有关的知识产权与竞争纠纷案件数量在 2014 年急剧增加并在之后有所减少。这些数字告诉我们，数字图书馆在现实生活中所面临的诉讼问题越来越少，但这并不能说明数字图书馆版权保护的相关立法可以缺失。

在司法实践中，法官通常会通过界定涉案数字图书馆是传统型图书馆的数字化还是数字化的非传统型图书馆来判断该数字图书馆在版权法上的法律意义。这一判断是数字图书馆案件法律适用的基础。然而我国法律目前并没有对这两种类型的数字图书馆进行界定，只能依靠法官自身的经验进行抉择。前文中已经提到，不管是什么类型的数字图书馆,其公益性都是不可否定的。如果仅凭法官的经验进行判断,那么数字图书馆的公益性是否能被完整地考虑,则十分值得商榷了。所以,数字图书馆的相关立法仍然具有很大的实际意义。

六、数字图书馆版权保护建议

(一)立法的完善

数字图书馆版权保护问题牵涉的方面有很多,单单靠数字图书馆自身在法律的框架之内进行保护是片面且不彻底的,需要社会各个方面的努力,其中很重要的一点就是法律法规的完善。完善的法律法规能够让数字图书馆在涉及版权问题时有坚实的依靠,也会对自身的行为加以限制,所以我们需要思考目前法律法规中不够完善的地方,并对此提出建设性的意见。

1.数字图书馆的法律界定

《著作权法》仅在第二十二条合理使用制度的第八款中有规定。[①] 这一规定仅将图书馆作为一个整体来看待,没有对图书馆的种类和性质进行明确的划分和界定。在其他行政法规和司法解释里,数字图书馆也没有作为一个单独的权利主体出现,这一情况给数字图书馆的相关立法提供了空间。

前文中提到了数字图书馆的三种性质:公益性、继承性和网络性。其中网络性这一性质是数字图书馆所独有的,传统图书馆可以借助网

① 《著作权法》第二十二条第八款规定:"图书馆、档案馆、纪念馆、博物馆、美术馆等为陈列或者保存版本的需要,复制本馆收藏的作品。"

络提高管理效率和读者的借阅方便性,但是实体书的特性使得它并不具有真正意义上的网络性。我们通过相关的立法或者现行法的修改,可以将数字图书馆这一独特的权利主体进行明确的界定:数字图书馆是运用现代网络技术,存储数字化的图书资源并将数字化的图书资源用以给读者借阅的图书馆。通过这一界定,可以整合营利性和公益性的数字图书馆,给数字图书馆的发展以更广阔的前景。

2.信息网络传播权

《信息网络传播权保护条例》是目前适用程度最高的数字图书馆面对的法规,其中不完善的地方主要有以下几点:首先,《信息网络传播权保护条例》中对合理使用制度的规定基本照搬了《著作权法》中的合理使用制度,对网络环境的特殊性并没有加以规定,缺乏针对性;其次,《信息网络传播权保护条例》对数字化的复制权规定不够详细,这就造成了该条例规定的信息网络传播信息的情形没有依据,馆藏数字化作品也没有复制传播的条件,我们必须清楚地认识到没有复制权就谈不上信息网络传播权;最后,也是最重要的一点,《信息网络传播权保护条例》对商业性图书馆和公益性图书馆没有进行区分,不管是何种图书馆,当其需要通过信息网络传播其他数字作品时都需要取得作者的授权许可,这就对公益性图书馆公共服务的功能造成了阻碍。如果这些问题不能解决,会对数字图书馆产业未来的发展产生不利的影响,这就需要我们集思广益,提出有针对性、建设性的意见。

第一,《信息网络传播权保护条例》应该对数字化的复制权加以规定,这里数字化的复制权应该包括不可避免的临时复制,数字图书馆在网络上传播信息时必须进行的复制和一些特殊目的复制。第二,《信息网络传播权保护条例》应该对公益性图书馆和商业性图书馆加以区分，针对公益性图书馆可以给予一定的特权，例如公益性（数字）图书馆通过网络向馆外读者提供本馆收藏的数字化作品时，如果可以在技术上保证馆外读者无法进行复制，并且防止作品在图书馆以外的网络下载和传播，则可以不经著作权人许可，不用向其支付报酬。第三，《信息网络传播权保护条例》可以明确数字图书馆的馆际互借问题，"馆际互借是指图书馆之间根据协议，相互利用对方馆藏资源以满足读者需求的一种文献流通方式"①。在数字图书馆概念下，馆际互借的宗旨仍是服务读者，《信息网络传播权保护条例》应该明确馆际互借的适用条件：首先，馆际互借的目的必须是满足个人学习或研究的需求；其次，数字图书馆在提供馆际互借的服务时应当附有版权声明，即告知读者仅能出于学习、研究的目的使用数字资源，不得将其用于商业用途；最后，数字资源应当在图书馆之间传递完成后及时销毁，不得对其进行复制、存储。②

3.技术保护措施

数字图书馆的出现与计算机技术的进步密不可分，数字图书馆的版权保护也要依赖于技术的发展，技术保护措施对数字图书馆至关重要，完善技术保护措施是数字图书馆版权保护问题的一个重要途径。《信息网络传播权保护条例》第二十六条第二款界定了技术措施。③ 技术保护措施主要分为控制接触措施和控制使用措施两种，控

---

① 王知津、潘永超：《数字图书馆合理使用问题研究》，《图书馆学研究》2009 年第 1 期，第 23 页。

② 刘亚堃：《数字图书馆的信息网络传播权法律问题研究》（西南政法大学硕士学位论文），2010 年。

③ 《信息网络传播权保护条例》第二十六条第二款规定："技术措施，是指用于防止、限制未经权利人许可浏览、欣赏作品、表演、录音录像制品的或者通过信息网络向公众提供作品、表演、录音录像制品的有效技术、装置或者部件。"

制接触措施是指限制未经授权者接触特定信息的措施，控制使用措施是指限制用户复制和传播作品的措施。数字图书馆可以采取的技术保护措施有很多种，但无论其选择哪一种或几种方式，都需要经过法律的认可。笔者认为，法律认可的技术保护措施应该满足四个要件：第一，应当由版权人采取技术保护措施，版权人不单指作者，还应当包括出版者、广播组织、版权继承人、作者的雇主等相关权利人，当然也包括数字图书馆数据库的制作者；第二，技术保护措施必须是有效的，技术保护措施的有效性应当以能不能防止普通读者以通常手段去接触或使用作品为标准来判断，因为不管任何技术都会有落后的一天；第三，技术保护措施的目的应当合法，应当是防御性的，以限制未经授权的或没有其他法律依据的访问或使用作品的行为和有意提供破坏技术措施的设备及其制造与服务行为为目的，限制他人可能的侵权行为；第四，技术保护措施必须与保护版权或邻接权有关，不能限制他人访问、阅读或复制不受保护的作品或已过保护期的作品或不构成作品的其他信息材料，不能损害公共利益。

我国目前对技术保护措施的法律规定比较零散，对规避技术保护措施的法定例外情形规定过窄，对技术保护措施的目的、有效性都没有明确的规定，而且现有的法律法规仅规定了故意规避或者破坏技术保护措施所应承担的法律责任，并没有对权利人滥用技术保护措施对社会公众造成影响是否承担法律责任及如何承担法律责任进行规定，另外也没有对社会公众为了接触已经超过保护期限进入公众领域的作品而规避技术保护措施是否侵权作出规定。

为了完善技术保护措施的立法，针对上述问题，提出以下建议。首先，应该明确技术保护措施的定义并引入有效性的要求；其次，法律应当明确权利人滥用技术保护措施侵犯社会公众基本权利时应当承担法律责任,对滥用技术保护措施的行为作出禁止性规定,为滥用技术保护措施而造成的危害所承担的法律后果提供法律依据;再次,应该对作品保护期限届满,权利人需要提供的破解和规避方法作出明确规定,平衡权利人受到版权保护时所享有的权利和承担的义务;最后,法律应当在反规避技术保护措施中增加例外规定,区分规避技术保护措施的商业目的和非商业目的,对非商业目的的破解和规避减少限制。

4.邻接权

德国著作权法中对于邻接权的扩充,对我国数字图书馆的版权法律保护制度有着很强的借鉴意义。我国可以参考德国著作权法中固定、扩充邻接权的范围,将数据库的制作者加入到邻接权的主体之中,以此来保护无独创性的数据库,从而避免因为著作权独创性标准的不统一而使得司法机关的判决不一致,给社会公众带来迷惑。

在这一制度的设计上,应该考虑以下几个问题。首先,要明确数据库的定义,这一定义应该建立在法律思想的基础之上,综合技术思维,不能单一从某个特定的角度去下结论。其次,要明确数据库著作权或者邻接权的保护期,这一保护期不宜过长,而且要区分开数据库著作权和邻接权的保护期,以及经济权利和人身权利的保护期。最后,鉴于对数据库保护的主要目的不是激发人们的创造,而是鼓励人们的投资,数据库保护的工具性色彩更为浓厚,数据库的法律保护应为投资人提供保护,但是不能逾越激励投资的界限,不应带来不应有的垄断。[①] 该制度应当对数据库制作者的权利进行限制，将合理使用制度和法定许可制度融入其中，并且不能影响其他法律法规对数据库所采用的内容的保护。

（二）数字图书馆的应对策略

现行的法律法规虽然对数字图书馆的版权保护来说有其不完善的地方，会产生一些不利的影响，但是数字图书馆也不是没有应对的策略，其应该从以下几个方面着手。

1.充分利用"合理使用制度"

数字图书馆如果想要其版权得到充分的保护，不管从任何一个方面来看，合理使用制度都是一个绕不开的路径。如果数字图书馆能充分理解和利用合理使用制度，那么其既可以避免侵犯其他权利人的权益，以解决由此产生的不必要的麻烦，也可以充分保障自身的权益，预防自身遭受侵害并在侵害发生之后充分保障自身权益。

《著作权法》对作者权利的保护是有限的，保护作者著作权的根本目的是使作者的智力成果免受非法侵害，并且使作者能通过授权他人使用自己的作品而获得经济利益，以便保护作者的积极性，使其能够创作出更加优质的作品，促进社会的创新，为人类文明的进步提供保障。保护作者的合法权益并不意味着作者可以处于垄断的地位，否则将引起私人利益与公共利益之间的冲突，合理使用制度的产生相对平衡了两种利益的冲突，有利于扩大知识的价值。

"合理使用原则是著作权法理论的精髓之一，也是著作权法为平

---

① 吴汉东：《中国知识产权制度评价与立法建议》，知识产权出版社，2008 年。

衡各方面利益而采用的一种权利约束机制。"①合理使用制度有利于作者长远的利益,虽然一部分读者通过合理使用可以无偿阅读作者的作品,从短期上来看作者的经济利益似乎受到了影响,但是从另一个角度来看,合理使用制度也让更多的人接触到了作品、了解了作品,这有利于提高作者的社会声誉,激发作者的创作积极性,从长远来看显然利大于弊。

然而合理使用制度的滥用将使利益的天平失衡,损害作者的合法权益,也会大大打击作者的创作积极性。因此,应当对合理使用制度进行严格限制。《著作权法》规定的合理使用更加类似于大陆法系国家著作权法中的法定例外,只能视为对既有列举事项的解释和限定。②

数字图书馆作为知识传播的一个重要组成部分,有义务向社会公众普及知识、传播信息,那么其义务就要有相应的权利作为支撑,合理使用权正是图书馆应该享有的权利。数字图书馆作为利益平衡的机制之一,作为连接社会公众与作者的纽带,需要履行两方面的职责,一方面要充分保护作者的合法权益,保证作品、信息及时通过合法的途径传播给社会公众,另一方面要保证社会公众能及时获取新的知识、信息。数字图书馆要把握好这两方面职责的天平,不能倾向任何一方。因此需要建立标准来确定整体职责的平衡,而合理使用制度便是这种标准。通过这项标准,数字图书馆能有效把握保护权

---

① 刘开国、邓映虹:《信息网络传播权与图书馆数字资源建设》,《四川图书馆学报》2008 年第 5 期。

② 吴汉东:《知识产权法学》,北京大学出版社,2014 年,第 76 页。

益与传播信息之间的关系和处理的方法。①

《信息网络传播权保护条例》中对合理使用制度的规定基本平衡了个人利益与公共利益的矛盾。虽然《信息网络传播权保护条例》对数字图书馆的馆藏作品版权保护作了严格的限制,但其对于某些公益性的使用和某些濒危资源的使用并没有严令禁止。② 另外“濒临损毁”“存储格式过时”“明显高于标定的价格”等作品的数字化使用也在合理使用范围内。基于这些规定,数字图书馆在运行过程中,应该充分理解《信息网络传播权保护条例》有关合理使用的规定,并在实践中最大限度地予以利用。中国图书馆学会发布声明,数字作品与传统作品没有本质的不同,知识产权立法应实现信息网络传播权保护与限制的平衡。

数字图书馆对作品的合理使用还应该包括:在图书馆内部局域网的数字信息交流、图书馆之间通过互联网进行的有限馆际互借、图书馆对教学资料的数字化处理与传播等。③

---

① 刘亚堃:《数字图书馆的信息网络传播权法律问题研究》(西南政法大学硕士学位论文),2010年。

② 《信息网络传播权保护条例》规定:“通过信息网络提供他人作品,属于下列情形的,可以不经著作权人许可,不向其支付报酬:(一)为介绍、评论某一作品或者说明某一问题,在向公众提供的作品中适当引用已经发表的作品;(二)为报道时事新闻,在向公众提供的作品中不可避免地再现或者引用已经发表的作品;(三)为学校课堂教学或者科学研究,向少数教学、科研人员提供少量已经发表的作品;(四)国家机关为执行公务,在合理范围内向公众提供已经发表的作品;(五)将中国公民、法人或者其他组织已经发表的、以汉语言文字创作的作品翻译成的少数民族语言文字作品,向中国境内少数民族提供;(六)不以营利为目的,以盲人能够感知的独特方式向盲人提供已经发表的文字作品;(七)向公众提供在信息网络上已经发表的关于政治、经济问题的时事性文章;(八)向公众提供在公众集会上发表的讲话。”

③ 邓灵斌:《〈信息网络传播权保护条例〉及图书馆的对策》,《图书馆杂志》2007年第2期,第21页。

2.积极参与版权法的修订

在我国当前的社会环境和法制环境下,数字图书馆如果想要自身权益得到充分的保障,就一定要积极地参与版权法的修订,在有条件的情况下,努力去推动版权法的修订。在前文中提到,《著作权法》将数据库划分到汇编作品一类,符合汇编作品构成条件的数据库才能受到《著作权法》的保护,而不符合条件的数据库则只能适用民法和《反不正当竞争法》来进行保护。这些规定不利于数字图书馆保护其创制数据库时所付出的努力。针对这一现状,数字图书馆应该去积极地参与版权法的修订。

如果数字图书馆想要更有力地发挥影响力,建立数字图书馆的联盟必不可少。数字图书馆之间在竞争的同时,也可以进行更广泛的合作,以求得共同发展。这一点在国际图联的很多声明中都有体现。国际图联作为世界上最大、最有影响力的图书馆联盟,在面对数字时代的图书馆版权危机时,没有选择沉默,而是积极采取各种方法维护自身的权益,例如通过发表《国际图联关于在数字环境下版权问题的立场》向国际社会表明态度。并且国际图联积极参加各种知识产权相关会议,积极开展交流活动,深入研究知识产权相关法律,最终通过各种努力,将一些国际条约中不利于自身的条款删改,为维护图书馆界的利益做出了突出的贡献。国际图联的工作告诉我们,数字图书馆不能消极地去应对版权法的各种规定,仅仅去做一个法律的履行者,而应该积极参加立法活动,主动表达自身的需求,捍卫自己的权利。

3.加大技术保护措施的力度

技术的进步促使了数字图书馆的诞生和发展,但是技术的进步也会为数字图书馆的运营带来负面的影响。当数字图书馆利用现代化的技术建立起自身特有的数据库时,往往也会有另一种技术去破坏或者盗用该数据库,并且随着现代技术的发展,数字信息的传输越来越快,复制也越来越容易,使得数字图书馆保护自身数据库的难度越来越大。面对这一问题,数字图书馆必须加大自身技术保护措施的力度,不断地去研发新型的网络版权保护措施,积极地更新现有技术,防患于未然。目前常用的技术保护措施有访问控制技术、数据加密技术、数字水印技术、信息确认技术等,运用这些技术,可以较为全面地做好数字图书馆版权的保护工作。但是技术的进步是永远不会停止的,数字图书馆应该在做好这些技术保护措施的同时,积极地投入到新技术的研发利用当中。

4.加强人才培养工作

数字图书馆的工作人员不能仅仅局限于自身的业务素质能力,也要加强自身的版权保护意识和维权意识。数字图书馆管理人才不仅要精通图书馆管理知识,还应熟悉计算机网络技术、熟知知识产权等法律,只有这样,才能适应数字化时代的发展和需要。① 针对这一问题,数字图书馆工作人员还需要了解《侵权责任法》《合同法》《反不正当竞争法》中与数字图书馆有关联的法律规定,在日常的工作中,要尽量及时发现数字图书馆遭受的侵权现象,在不去侵犯他人权利的同时,积极主动地应对所遭受的侵权行为,努力将遭受的负面影响最小化,并且通过司法和行政保护手段让侵权人停止侵害行为,并消除影响,赔偿合理损失。

---

① 周恬:《数字图书馆的著作权侵权问题——以陈兴良诉中国数字图书馆有限责任公司侵犯著作权为例》(西南政法大学硕士学位论文),2009 年。

七、结语

自美国于1994年提出“数字图书馆”的概念以来，关于数字图书馆的讨论和研究已经持续了20余年。在这些年的研究里，专家学者与相关从业人员提出了很多建设性的具有实际价值的观点和理论。本文在总结和归纳这些成果的基础上，对数字图书馆本身可能面临的版权问题进行分析，并提出建议，以期能给读者带来些许启示。

参考文献

[1]韩新月，马达.图书馆工作相关法律法规选编[M].北京：国家图书馆出版社，2016.

[2]吕淑萍等.图书馆数字资源版权管理实践与案例[M].北京：国家图书馆出版社，2013.

[3]马海群等.面向数字图书馆的著作权制度创新[M].北京：知识产权出版社，2011.

[4]秦珂.数字图书馆版权保护导论[M].北京：气象出版社，2005.

[5]任宁宁.数字图书馆版权利益平衡机制研究[M].北京：经济管理出版社，2013.

[6]吴楠，刘萍，张妮妮.现代图书馆学热点研究[M].北京：知识产权出版社，2014.

[7]王小会.数字图书馆与版权保护[M].北京：国家图书馆出版社，

2008.

[8]杨廷文.知识产权法原理与案例教程[M].成都:西南交通大学出版社,2012.

[9]Barry Sookman,Dan Glover.Digital Copyright and Libraries:Copyright and Licensing Considerations[J].Feliciter,2010(56).

[10]Mike McGrath.Interlending and Document Supply:a Review of the Recent Literature:70[J].Interlending & Document Supply,2010,38(02).

[11]冯艳光.国内外数字图书馆版权问题解决方案研究[D].黑龙江大学,2011.

[12]方冲.我国著作权延伸性集体管理制度的构建[D].中国政法大学,2014.

[13]杨晓秋.数字图书馆信息服务视域下的著作权问题研究[D].黑龙江大学,2011.

[14]张文辉.数字图书馆建设中的著作权保护研究[D].郑州大学,2013.

[15]郭海明.数字环境下图书馆合理使用的制度创新[J].图书馆理论与实践,2010(8).

[16]黄辉.基于多元化视角的数字图书馆版权协调模式研究[J].图书情报知识,2015(2).

[17]卢国强,刘芳,孙常丽.数字图书馆适用法定许可制度研究[J].图书馆学刊,2012(1).

[18]雷婷,苏亚娟.浅析我国网络环境下的版权保护[J].传播与版权,2014(9).

[19]蒙柳.数字图书馆的版权许可问题及对策[J].当代经济,2010

(17).

[20]马海群,王英.面向数字图书馆的合理使用制度改进研究——以美国版权法及其变革为视角[J].法治研究,2010(4).

[21]孟杨,费艳颖,于颖.论我国网络著作权保护立法[J].法制与社会,2009(10).

[22]邱奉捷,张若冰.图书馆数字资源版权管理战略规划研究[J].图书馆杂志,2014(6).

[23]邬琴棋.对数字图书馆的著作权保护问题的思考[J].黑河学刊,2013(9).

[24]王英,吴钢.图书馆在著作权保护中的义务与责任研究——基于案例分析[J].图书馆杂志,2016(3).

[25]严玲.我国数字图书馆信息网络传播侵权行为探析[J].法律文献信息与研究,2009(3).

剪辑、发布免费视频的法律责任

互联网时代,人们的生活方式不断地被重新定义,各种社交软件及音乐、图片、视频分享社区的广泛应用,促使各类资讯跨地域、跨时间迅速传播成为可能。公众可以利用互联网强大的复制功能对任意一种信息或作品直接进行未经权利人许可的复制、改编或演绎,典型行为有“重混”“讽刺模仿”等。在这种网络环境下,著作权已经从“印刷版权”跃升为了“数字版权”,极大地冲击了现行的著作权制度。网络中可以免费观看的视频不计其数,这种在通常情况下不加限制的分享行为丰富了人们的学习、工作、娱乐生活,但也引发了诸多法律问题,如网络上的免费视频是否能够无限制地分享利用?免费视频又是否可以不经著作权人许可,任意进行剪辑加工再次创作后免费分享甚至是商业化利用?这些疑问涉及一系列的著作权相关问题。本文以分析剪辑和发布免费视频的行为属性为切入点,从合理使用及法定许可的角度,结合《著作权法》的相关规定,比较英美法系与大陆法系的不同规定,界定免费视频的剪辑发布行为是否构成侵权行为,若构成侵权行为,“谁”来承担责任,承担何种责任。

网络时代追求的是信息的开放与共享,这恰恰与《著作权法》对权利人的权利进行垄断性的保护产生了冲突。教辅出版行业中这种现象更是比比皆是,许多出版社出版教辅资料时为了达到更好的教学效果,会在其中附带相关的学习视频资料,消费者可以通过多种方式在网上免费观看。具体来说,例如甲出版社专门聘请了老师对其出版的教辅资料中的相关内容进行讲解,并将该讲解内容录制下来制作成视频,发布在网络上,同时把包含视频内容信息所制成的网址或者二维码附在教辅资料当中,这样购买了其出版的教辅资料的消费者就可以免费在网上观看这些视频。乙出版社在看到这些视频后觉得其中有部分内容与其出版的教辅资料相吻合，遂将这些免费提供的视频下载下来，并按照自己的需要对视频进行剪辑，将剪辑后符合自己需要的视频也放在网络上，同时将视频网址或二维码附在乙出版社所出版的教辅资料当中，同样也是免费提供给读者观看。在这一系列的行为当中是否存在着侵权行为？其中又包含了哪些著作权问题？不仅仅在教辅行业中存在这方面的问题，网络中不计其数的免费视频都可能会在权利人不知情的情况下被免费使用甚至是商业化利用，但是由于追责困难，这种行为难以被有效规制。对剪辑发布免费视频行为的法律属性进行界定，有助于理清该类行为的行为属性，也是确定行为主体是否需要承担侵权责任、承担何种侵权责任的前提条件。

目前尚未发现专著或论文对剪辑发布免费视频行为的法律属性进行具体的研究或论述，但许多专家学者对行为过程中涉及的合理使用、法定许可制度、未经原著作权人许可的演绎作品、"模仿讽刺作品"以及网络环境下的侵权责任认定等具体问题做了大量的研究。

吴汉东的《知识产权基本问题研究》一书对著作权相关的各种制度及学说有很全面的总结与介绍，其编写的《著作权合理使用制度研究》一书中把"网络环境下的合理使用制度"作为专章进行了论述。王迁的许多著作和论文都论述了网络环境下的著作权及侵权问题，如《知识产权法教程》、《知识产权间接侵权研究》(与王凌红合著)及《论认定"模仿讽刺作品"构成"合理使用"的法律规则——兼评〈一个馒头引发的血案〉涉及的著作权问题》等，都对相关问题进行了实证研究。

美国、英国等国家对于著作权相关问题的研究一直走在世界前列，合理使用的概念最早也是在美国的判例法中产生，世界知识产权组织对合理使用制度的规定对于概念的理解也是一种参考。关于“模仿讽刺作品”的相关制度，我国只停留在学术理论研究层面，而美国、英国等国家已经有了较为成熟的规则，一般将其认定为构成合理使用。

剪辑使用（发表为一种常见的使用形式）免费视频这种行为在公众的身边很常见，但是目前却没有文章专门对此类行为进行分析定性。在司法实践中，通过对最高人民法院中国裁判文书网的检索，也未发现这类行为的司法案例，可见，在这种常见的可能是侵权行为的行为模式下权利人的权利很难得到保护。本文对此类行为进行分析，界定具体行为的性质，若是侵权行为则对责任承担主体及规则方式进行说明，对侵权人的侵权责任进行认定是保护权利人权利的开始。

一、合理使用视角下的剪辑免费视频行为

随着网络技术的发展与普及，视频的出现极大地丰富了人们的学习及娱乐生活。除电影等比较规范地受到著作权制度保护的视频形式外，大多数视频都可以在网络上免费观看甚至是无限制地分享。除了对原视频的直接分享，还出现了许多按照自己的需求将免费观看的视频进行剪辑再重新发布的行为，如前文所举的教辅资料附带的视频资料，正是迎合人们越来越喜欢选择通过网络视频资料、在线直播等多种生动便捷的方式进行学习的趋势，出版社为了可以更加生动直观地表达其出版的教辅资料的内容，往往会提供配套的相关

视频供读者学习，以帮助其理解，若他人对这些免费的视频资料按照自己的需求进行剪辑再重新发布就会产生一系列的著作权方面的问题。这种未经权利人许可擅自对其享有著作权的视频作品进行剪辑并发布的行为是否侵权，需要分情况进行探讨。

（一）免费视频的概念

视频，根据百度百科的描述，泛指将一系列静态影像以电信号的方式加以捕捉、记录、处理、储存、传送与重现的各种技术。当连续的图像变化每秒超过 24 帧画面以上时，根据视觉暂留的原理，人眼就无法辨别单幅的静态画面，这时看上去是平滑连续的视觉效果，这样连续的画面叫作视频。网络技术的发展使视频可以存在于因特网之上并且可以被电脑接收和播放，计算机的普及与网络的覆盖使得公众可以根据自己的需要欣赏到各种不同内容的视频资料。网络中有些视频需要公众付费才可以观看，如在线观看网站中需要付费的视频，或仅充值会员才能观看的会员专享视频等，有些视频则是可以免费任意浏览的。可以免费观看的视频并不是真正意义上免费的视频，视频分享网站往往可以通过投放互联网广告盈利，本文所称的“免费视频”是指公众能够以不付费的形式观看且可以下载使用的视频。

（二）免费视频的作品属性

著作权保护的对象是作品，《著作权法》中所称的“作品”应当是作者在文字、艺术和科学领域范围内的创作，具有独创性，能以某种有形形式复制即要求具有一定的表现形式的智力成果。① 具体来说，认定一件作品是不是《著作权法》所保护的“作品”，其应当满足一定实质要件，在有的国家和地区还应当满足一定的形式要件。

作品受法律保护的实质要件为作品应当具有“独创性”。对于独创性的含义，各个国家或者同一个国家不同时期的立法都会有所不同。一般来讲，对于独创性概念的解释有三种形式：第一种是依照英美法系，其也被称作“原创性”，是指思想表达的形式有独创性，也就是作品是由作者独立完成的，并不是对其他人的作品的复制；第二种是依据大陆法系，大陆法系以人格价值观作为其著作权法的立法哲学基础，重视对作者人格权的保护，相较于英美法系更注重对于精神权利的保护，鼓励人们进行创造性活动，在大陆法系的绝大多数国家，独创性实际上同时要求量和质②，即在这种立法基础上一方面要求作者自身的创造性劳动需在作品中达到一定的比例，另一方面对创作质量有一定的要求，相比较而言，大陆法系对于作品的独创性要求比英美法系更高；第三种就是上两种解释的折中理解。

世界知识产权组织在说明保护作品所需要符合的条件时曾经指出：“享有版权保护的作品必须是初创作品。作品中反映的思想不要求是新的，但其文学的和艺术的表现形式必须是由作者首创的……作品必须来源于作者，它们必须来源于作者的劳动。”③其所表达的观点更偏向于英美法系对于独创性的理解，即要求作品必须是由作

① 参见《著作权法实施条例》第二条、第三条之规定。

② 吴汉东等：《知识产权基本问题研究（分论）》（第二版），中国人民大学出版社，2009 年，第 36 页。

③ 世界知识产权组织：《知识产权纵横谈》，世界知识出版社，1992 年，第 217 页。

者独立完成的。

而在汉语表达的“独创性”中，可以将这种性质解读为“独”以及“创”。[①] “独”要求的是作品是由作者独立完成的结果而不是抄袭，可以是从无到有的产生，也可以是基于他人的作品而进行再创作的产生，当然在再创作的过程中有要求差别不能太过于细微，否则就可能是“复制”而不是“创作”了。“创”则要求的是作品的创造性具有一定的水平，也即作者对作品独创程度的高低。目前的立法规定，以及法律实务中对于作品独创性并未作很高的要求，通常认定作品的独创性只要求作品是作者自己取舍、选择、设计、综合等的结果，并未要求作品具有很高的文学、艺术或科学价值。但是也有许多学者认为在对作品进行认定时应当要求作品有“最低限度的创造性”，否则可能会扩大“作品”的范围，扩大著作权保护的范围。

在受法律保护的“作品”的形式要件方面，英美法系与大陆法系的规定也存在区别。对于强调版权经济利益的英美法系国家来说，保护版权可以有效促进社会经济的发展，而作品是否固定于载体之上是进行商业交易的前提，因此这些国家大多都要求法律所保护的作品应当有固定性的形式。而大陆法系的国家则大多认为作品创作完成即可受到保护，所以一般不要求作品以有形形式固定下来[②]，这种规定可以更大程度保护著作权人的利益，最明显的例子就是口述作品，它没有固定的形式，但是大陆法系的国家一般都认为口述作品是著作权法上的作品，予以保护。在《著作权法》第三条第二项作品的种类中也列明了口述作品，可见，其虽没有固定的形式，但是也受

① 王迁：《知识产权法教程》（第二版），中国人民大学出版社，2009 年，第 29 页。
② 徐康平、闻汉东、王夏：《体育表演的著作权法保护》，《中国市场》2015 年第 28 期，第 172 页。

《著作权法》的保护。

另外，在《著作权法》第三条以及《著作权法实施条例》的第四条中都列举了作品的种类，其中一项列明的作品种类为电影作品和以类似摄制电影的方法创作的作品，此类作品是指"摄制在一定介质上，由一系列有伴音或者无伴音的画面组成，并且借助适当装置放映或者以其他方式传播的作品"①。这一项是采纳了《伯尔尼公约》的表述方法，将此类包括动态摄像的作品描述为"电影作品和以类似摄制电影的方法创作的作品"。此类视听作品也包括录像制品，即本文所指的视频也属于此类作品。

除了满足上述的条件，想要成为受《著作权法》保护的作品，就不能是不受《著作权法》保护的对象，法律规定的不适用范围有法律、法规，国家机关的决议、决定、命令和其他具有立法、行政、司法性质的文件，及其官方正式译文、时事新闻、历法、通用数表、通用表格和公式②，这些形式的文件都不属于《著作权法》所保护的"作品"范畴。

本文所讨论的对象"免费视频"限定为符合上述条件、属于《著作权法》保护的视频作品，不属于作品的视频并不在本文的讨论范围之列。

（三）剪辑免费视频行为的性质

将放在网络上免费让公众观看的视频下载下来重新剪辑，这种行为是否需要得到原著作权人的许可或者说擅自剪辑的行为性质是

① 房鹏：《电影作品和以类似摄制电影的方法创作的作品与音像制品的比较研究》，《山东审判》2007 年第 3 期，第 83 页。

② 参见《著作权法》第五条之规定。

不是一种侵权行为,需要对行为的性质进行界定。著作权人对其作品享有专有权,这种权利受到法律的保护且不受他人侵犯,但是行为人对他人享有著作权的作品进行利用并不一定是侵权行为,权利人享有的著作权受法律保护,但是这种保护不是绝对的,任何权利都有一定的界限,受到一定的限制。著作权法也不例外,它对著作权人专有权利的行使进行了一定限制,这样能够促进作品的传播并能够保护使用者的利益。

1.剪辑免费视频行为的复制属性

行为人对免费视频进行剪辑的前提是下载免费视频,这种下载行为是一种数字化的复制,而复制权是著作权人享有的一项重要的著作财产权。复制行为是在著作权法产生之前就出现并存在的行为,是使作品能够广泛传播的前提和重要手段。保护著作权人财产权利的传统方法就是以"复制权"为中心,限制具有营利性质的复制行为。早在1709年颁布的英国《安娜女王法令》中就有对复制权进行保护的规定,即作者对于其已经印制的书在重印时或者已经完成的作品但尚未印刷时都享有专有权。这种规定的初衷并不是为了保护公众的智力成果,而是对于大印刷商垄断利益的保护。作为著作财产权中一项基础性的权利,复制权随着时代技术的高速发展经历了印刷时代、电子时代、数字时代的变迁,如今数字化的复制形式使复制成本更加低廉,并且复制行为并不会导致作品的质量下降,复制件与原件可以保持完全一致,这就使作者保护其复制权变得更加困难。另外,私人复制与商业复制的界线也越来越模糊,难以界定,也使得对于侵犯复制权的界定更加困难。

数字化技术的进步使得人们可以轻易地将二维的作品数字化,

并以数字化的形式进行储存,从而使这些信息能够被复制。数字化的复制与传统复制相比有着截然不同的特点,比如数字式的传播具有无形性,复制品与原件无异并且成本很低。在数字环境下如何界定复制权的范围经历了一系列的进程并且仍存在争议。但是从美国的法律、欧盟的指令和世界知识产权组织的条约对复制权的规定中仍可以发现一些倾向性的观点。

首先就美国对网络环境下的复制行为的规定来看,其 1976 年的版权法中认为复制就是将作品"固定"在有形的载体上①,这样的规定排除了暂时性的复制,但是之后联邦法院的判例却将在计算机内存在形成的暂时性复制件归入了复制权的范围内②。1998 年美国颁布的《数字化时代版权法》(DMCA)中,总结了网络环境下多年以来的复制权理论与判例,对网络复制权作出了多方面的限制,比如网络服务提供者对其系统和网络中暂时性储存的资料所形成的复制只承担停止侵权的责任等。③

欧盟 1991 年的《计算机程序指令》与 1996 年的《数据库指令》都将暂时性复制纳入了版权人的权利范围,在 2011 年通过的《欧盟议会和理事会关于协调信息社会中版权和相关权某些方面的指令》中规定:"复制包括以任何方式或形式所进行的直接的或者间接的复制、永久的或暂时的复制,而不论该种复制是全部复制还是部分复制。"④在现今的网络环境下,复制也包括数字化的复制,并且该指令

① 段维:《网络版权保护论纲》,华中师范大学出版社,2012 年,第 49 页。
② 薛虹:《网络时代的知识产权法》,法律出版社,2000 年,第 137 页。
③ 段维:《网络版权保护论纲》,华中师范大学出版社,2012 年,第 49 页。
④ 吴汉东、胡开忠、董炳和、张今:《知识产权基本问题研究(分论)》(第二版),中国人民大学出版社,2009 年,第 105 页。

还说明了作者、表演者、录音制品制作者、首次固定电影的制作者、广播组织都享有该项权利。

根据上述描述综合来说，将一作品存储在脱机的数字存储器中或从信息服务器中下载某一作品都可被称为一种复制行为。

根据现行的《著作权法》规定，复制权是指以印刷、复印、拓印、录音、录像、翻录、翻拍等方式将作品制作一份或者多份的权利①，在《著作权法》修订之前我国采用的是狭义上的复制概念，修订之后采用的是广义的复制概念，即不仅包括将作品做成相同载体的有形复制，还包括改变载体的复制，并且随着网络技术以及通信技术的发展，不少学者认为在网络环境下的“临时复制”也有可能会构成对于著作权人复制权的侵犯。

虽然不同国家对于复制权的规定有所不同，但是总体来说构成对于著作权法上复制权的侵犯需要满足三个条件：一是作品的再现，若要构成对原作品的复制，必然是对原作品的表达形式进行再现或者重制。通过一定的复制方式将作品制作成一件或者多件，增加了作品的数量，形成的复制件基本能够替代原件的使用。至于复制的数量则并不影响对于复制行为的认定，只是在对侵权的认定时有一定的意义，所以即使只是将原件复制了一件也构成复制行为。二是固定在有形的载体上，再现作品需要固定在有形的载体之上，这样就可以将复制与表演、广播等其他再现作品的形式区别开，强调复制的有形性就是以人可以感触的形式将作品相对稳定地固定在有形物质载体之上，在这里的“固定性”与认定受著作权法保护的作品应具有

---

① 参见《著作权法》第九条第五款。

的"固定性"有所不同,前者是受著作权法保护的作品的复制问题,后者是指判断作品是否受著作权法保护的形式要件。三是非独创性,复制的本质就是产生的复制件没有独创性,如果有独创性,那么产生的就是新的作品。新的劳动产品如果与原作品完全一致,没有创造性,那么毫无疑问其间劳动是复制行为,如果新的劳动产品添加了创造性,但与原作品相比较创造性很低,那么这仍然是一种"复制"而不是一种"演绎"。

2.剪辑免费视频行为的合理使用属性

权利人受著作权法保护的复制权是一种财产性的权利,即当行为人对原作品复制后进行营利性活动就会损害权利人的财产权,但是复制行为并不代表一定是侵权行为,法律对此进行了一定的限制,规定了一些免责的情形,比如传统意义上对原作品的复制是为了个人使用就是一种对原作品的合理使用。

合理使用是指依照法律的规定以恰当的方式使用他人享有著作权的作品,不必征得著作权人的许可,也不需要向其支付报酬。合理使用制度最先起源于英国的判例法,1740 年的盖尔斯(Gyles)诉威尔科克斯(Wilcox)案中出现了"合理节略"(fair abrigement)的概念,被告在自己的作品中引用了原告的作品,法官认为没有经过原权利人允许节略使用他人的作品的行为不是一种权利,但是此节略是为了创作出新作品,应受到保护。1803 年的科里(Cory)诉基尔斯利(Kearsley)案中法官第一次使用了"合理使用"(used fairly)这种说法。1841 年,斯托里大法官在福尔瑟姆(Folsom)诉马希(Marsh)一案的审判意见中引用英国的这些案例,将"合理使用"的概念引入了美国的版权法。[①] 之后这种制度逐步被各国吸纳制定为成文法。合理使用的对象主要针对的是他人享有著作权的完整的作品，并且一般是通过复制、发行、表演等形式进行使用。合理使用本身并不是一种权利，而是对于著作权的一种限制。对于是否属于合理使用既是一个事实的判断，也是一种价值的衡量，需要从多方面考虑。

关于合理使用的评判标准，不同国家有不同的标准，但是主要来说有两种立法模式。一种是以美国为代表的"四要素判断法"，如根据美国版权法规定，在判断对作品的使用是否属于合理使用时应当考虑的因素有：一是使用作品的目的与性质，包括该使用是否具有商业性质，或是出于非营利性的教学目的；二是有版权作品的性质；三是相对于被使用作品的整体所使用部分的质与量；四是该使用对版权作品之潜在市场或价值所产生的影响。[②] 法官可以根据判断标准结合案件的具体情况作出具体的判断。另一种标准则是根据《伯尔尼公约》中确立的"三步检验法"：在某些特殊情况下允许复制作品，只要这种复制不与该作品的正常利用相冲突，也不致不合理地损害作者的合法利益。[③] 可见，两种标准的相似之处在于对于原著作权人的利益的保护。首先以"四要素判断法"来判断行为人剪辑免费视频的行为是否属于合理使用，就行为人单纯对免费视频进行剪辑的行为来说是一种个人使用，没有进行发布或者使用，不具有商业性质，也就不存在对作品的潜在市场或价值产生影响。以"三步检验法"来判断该行为也是一种行为人对原作品进行个人使用而没有损害原作

---

① 黄武双：《知识产权法研究（第10卷）》，北京大学出版社，2013年，第81页。

② 胡开忠：《论重混创作行为的法律规制》，《法学》2014年第12期，第92页。

③ 同上。

者合法利益的合理使用行为。

《著作权法》中规定的合理使用要求是对作品的非营利性使用，不会对原作品产生替代性影响，《著作权法》中以列举的形式规定了12种合理使用的情形。行为人下载受《著作权法》保护的视频的行为是一种复制行为，对原视频进行剪辑又可以分为单纯对原视频进行片段式的纯剪辑和添加创作进行二次创作的剪辑两种情况。但无论这两种行为模式是否产生了新的作品，就单指这种剪辑但并未发布的行为来说都是一种行为人的个人行为，在没有进行发行传播或营利性的活动的情况下，是属于合理使用的行为。

二、侵权责任视角下的发布剪辑免费视频行为

行为人对免费视频进行剪辑但并不把剪辑后的视频发布出去，就是对免费视频的一种个人使用，属于合理使用的范畴。但如果行为人将被剪辑后的视频发布出去，这种分享行为就可能侵犯了原作者的著作权。剪辑后的无论是视频片段还是经过二次创作的作品都需要通过一定的平台进行传播，行为人将剪辑后的视频资料从本地的计算机传送至远程计算机系统上后，人们通过网络就可以随意观看或下载该视频，实质上就是一种发行行为。这种发布或者说上传行为也有可能会侵害原著作权人的多种权利。正如上文所述，对免费视频剪辑后产生的可能是原免费视频的剪辑片段，也可能是添加了行为人的创作形成二次创作的作品，发布这两种不同的剪辑后视频也会产生不同的法律后果。

(一)发布剪辑免费视频行为的类型

行为人对免费视频进行剪辑可以分为两种情形:一种为将原本为一个作品的视频剪辑为若干片段,这样形成的便是原作品视频的剪辑片段,并未添加行为人的独创性智力成果,这样被剪辑后的视频片段并不是新的作品。另一种情形则是对原作品进行演绎形成了二次创作的作品,在这种情形下也包括多种典型的行为方式,如常见的"重混行为""模仿讽刺行为"等,"重混行为"是对多个作品进行摘录、合成从而形成新的作品,是剪辑视频形成新作品的一种形式,除此之外,还有行为人在一个作品的基础上进行创作从而形成的演绎作品,"模仿讽刺行为"作为一种特殊的"演绎"或"评论"方式,有其不同的特点。

将免费视频剪辑形成的剪辑片段进行发布,因为并未形成新的作品,所以其行为实质仍是对原作品的部分内容进行发布。行为人可以通过两种行为模式进行发布:一种为免费发布,一种为营利性发布。

当行为人在剪辑免费视频的过程中添加了自己的创作形成新的作品时,这种未经原著作权人许可的演绎行为是否侵权,发布这种演绎作品又是否侵权,也是需要讨论的。"模仿讽刺作品"作为一种特殊的"演绎"或"评论"形式,在《著作权法》中并没有规定,但是根据国外的规则及我国理论界的讨论,因其特殊的性质,被认为并不是一种侵权行为而是合理使用。

（二）发布剪辑片段行为的性质

将原本是一个完整作品的免费视频剪辑为单独的片段，只有内容的减少并不添加行为人的创作，再将剪辑后的视频片段进行发布，这种行为可以分为免费发布和营利性发布两种情形。

1.免费发布行为的性质

行为人将可以免费观看的视频剪辑为片段后仍以免费的形式进行发布，这种行为并没有侵犯著作权人的财产性权利，但是可能会侵犯著作权人的一些精神权利，包括署名权、保护作品完整权与修改权。

著作权人对其作品享有署名权，署名权是指作者在作品上署名，表明作者身份的权利。在作品上署名，可以避免他人将来自不同作者的不同作品相混淆，是作者享有的一项重要的著作人身权，表达了对作者人格的尊重。署名权的内容包括作者决定是否在作品上署名以及以何种方式署名等，对于署名权行使的方式也有多种，包括署真名、艺名、笔名等，作者不署名也可以被看作是行使署名权的一种方式，并不能因为作者没有署名就视为其放弃了署名权。行为人将免费视频重新剪辑为片段后形成的并不是新作品，所以重新发布时仍需要注明视频的来源，否则就侵犯了原著作权人的署名权。

这种发布剪辑片段的行为不仅可能侵犯著作权人的署名权，也是对著作权人保护作品完整权和修改权的侵害。保护作品完整权是著作权法规定的著作权人享有的一项人身权，是著作权人用以维护作品完整性、保护作者人格的重要的权利。保护作品完整权是指保护作者所享有的保护作品完整性，保护作品不受歪曲、篡改的权利。

与此相联系的是作者对于其作品享有修改权。修改权,即作者具有修改或者授权他人修改作品的权利。修改行为是对原作品的完善,是一种再创作的活动。对于该项权利,从积极的方面来看,作者可以自己修改或授权他人修改自己的作品;从消极的方面来看,就是作者有权禁止他人擅自修改自己的作品。保护作品完整权与修改权有逻辑上的联系,可以看作是对修改权的一种延伸。在网络时代,修改数字化的作品是件很容易的事情,本文讨论的这种不经过原作者授权而任意修改他人作品的现象也司空见惯。

作品是作者创造性的智慧结晶,其完整性受到法律的保护是理所应当的,所以保护作品完整权是作者享有的一项重要且基本的权利,但是对于这种权利的保护也并不是绝对的,从国际条约和各国立法中可以看出一些国家或地区对于该项权利的行使有一定的限制或要求其符合一定的条件。比如在《伯尔尼公约》中规定,只有当歪曲、篡改作品的行为对作者的声誉造成了损害的时候,作者才能行使这项权利。日本著作权法中对保护作品完整权作出了四种限制①:第一种为出于教学目的不得已对作品的用词或用语作出改动;第二种为出于对建筑物的安全或是美观考虑,对建筑物进行的扩建、重建或修缮等改动;第三种为为了更好地使用计算机程序对程序进行的必要的修改;第四种为按照作品的性质及使用目的和状况而进行的不得已的改动。由此可以看出日本的著作权法规定了在这四种情况下,对原作品进行修改的行为并不构成对作者保护作品完整权的侵犯,这就是对权利的限制。《著作权法》虽然规定了作者享有保护作品完

---

① 吴汉东等:《知识产权基本问题研究(分论)》(第二版),中国人民大学出版社,2009 年,第 136 页。

整权,但没有进一步详细规定对其的限制,在实务中,对这种保持作品的原状的权利,也并没有以作者受到损害为侵权的判断标准。

侵犯保护作品完整权的行为,是对保护作品完整性的一种侵犯,指未经作者同意,擅自删改作品的内容、添加材料,损害作品真实含义和表现形式的行为。无论这种修改是提高了还是损害了作者的声誉,都是对作者保护作品完整性的侵害。不过如果仅是对作品进行技术性处理或是改正错别字的修改,则并没有侵犯作者的著作权。《著作权法》第四十七条第四款中列明了歪曲、篡改他人作品的情形。

著作权人将其享有著作权的视频免费让他人观看,并不代表其放弃了所享有的著作权法上的权利。行为人如果在未注明原作者(或著作权人)的情况下发布了原作品的剪辑片段是一种侵犯著作权人署名权的行为,未经著作权人允许对著作权人享有著作权的视频进行剪辑,破坏了作品的完整性,侵犯了著作权人的保护作品完整权和修改权,应承担相应的责任。

2.营利性发布行为的性质

当行为人发布其剪辑的免费视频片段用于营利性使用,同样符合前文所述情况,会侵犯原著作权人的署名权、保护作品完整权和修改权等精神权利,不仅如此,还会侵犯原著作权人的财产性权利。

免费发布剪辑片段的行为没有对权利人的著作财产权利造成损害,但是如果行为人采用营利性的方式发布就是一种侵犯复制权的行为,已经超出了合理使用的范畴,但是《著作权法》还规定了一种使用者的免责理由,即法定许可制度。

法定许可制度,也叫“法定许可证”制度,是指根据法律的直接规定,以特定的方式使用已经发表的作品,可以不经著作权人的许可,但应当向著作权人支付使用费、指明作者姓名、作品名称,并且不得侵犯著作权人依照《著作权法》享有的其他权利的制度。法定许可不是对著作权的限制也不是使用者的权利,而是一种使用者的免责理由,使用者可以不经过著作权人的许可,但不能侵犯著作权人的其他权利。《著作权法》及《信息网络传播权保护条例》等相关法律法规共规定了六种法定许可的情形。

(1)编写教科书的法定许可

《著作权法》第二十三条中规定的第一种法定许可是为了实施九年制义务教育和国家教育规划而编写出版教科书,除作者事先声明不许使用的外,在指名作者的姓名和作品名称的情况下可以不经著作权人许可适当地使用作品,但是不能侵犯著作权人享有的其他权利。此条规定主要是为了贯彻九年制义务教育和国家教育规划,因此为了其他的目的,如大学教材、辅导用书的编写均不属于此范围之内。

(2)报刊转载的法定许可

《著作权法》第三十三条第二款中对于报刊转载的法定许可有所规定,是指作品在报纸或者期刊上刊登以后,除著作权人声明不得转载外,可以转载刊登在其他报刊,报刊社在使用时不必经过著作权人的许可,但需要支付报酬。报刊转载的法定许可的主体只适用于报刊与报刊之间,不适用于书籍之间或报刊与书籍之间。

值得注意的一点是,《最高人民法院关于审理涉及计算机网络著作权纠纷案件适用法律若干问题的解释》在2004年进行修订时,将第三条修改为:“已在报刊上刊登或者网络上传播的作品,除著作权人声明或者报社、期刊社、网络服务提供者受著作权人委托声明不得转载、摘编的以外,在网络进行转载、摘编并按有关规定支付报酬、注明出处的,不构成侵权。但转载、摘编作品超过有关报刊转载作品范围的,应当认定为侵权。”由此可以看出报刊转载的法定许可的范围扩大到了网络当中,根据该条规定,网页等在不经著作权人的许可下转载、摘编报刊和其他网络媒体刊登或者传播的作品是被允许的,此即本文论及的现象。这种现象在现实中比比皆是,不经著作权人的允许转载了他人的作品,但是真正向原作者付费的少之又少,原作者也因此并没有享受到其应享有的权利。此外,国外相关的法律很少有规定网站可以不经过原作者的许可直接转载其作品。而后在2006年修订的该解释及《信息网络传播权保护条例》当中最终均没有规定此项法定许可,这就意味着报刊转载的法定许可范围并不包括网络。

(3)制作录音制品的法定许可

《著作权法》第四十条第三款规定了制作录音制品的法定许可,其中“录音制作者使用他人已经合法录制为录音制品的音乐作品制作录音制品”限定了属于法定许可制作录音制品的前提是被使用的音乐制品已经合法录制并录制完成,但并不要求已经销售,对于不是合法录制或录制未完成的录音制品的使用是不符合法定许可的。法定许可的对象是音乐作品的词和曲,在词和曲的基础上所形成的表演并不是法定许可的对象,如果是直接翻录了他人的录音制品,则不仅仅是侵犯了词、曲作者和表演者的权利,还侵犯了录音制作者的邻接权。

(4)播放作品或录音录像制品的法定许可

根据《著作权法》第四十三条第二款规定,广播电台、电视台可以不经著作权人许可播放其作品,但是仅限于已经发表的作品,对于未发表的作品仍应取得著作权人的同意。第四十四条也规定了广播电台、电视台可以播放已经出版的录音制品的法定许可。但是《著作权法》第四十六条还有相关的特别规定:"电视台播放他人的电影作品和以类似摄制电影的方法创作的作品、录像制品,应当取得制片者或者录像制作者许可,并支付报酬;播放他人的录像制品,还应当取得著作权人许可,并支付报酬。"由此可见,电视台播放电影作品和以类似摄制电影的方法创作的作品或录像制品,并不属于法定许可的情形。

(5)制作课件的法定许可

此类法定许可是在《信息网络传播权保护条例》中新增加的,2013 年新修订的《信息网络传播权保护条例》第八条[①]的规定也说明了制作课件的法定许可的目的是实施九年义务教育制度和国家教育规划,在课件中可以使用他人的作品,但应当是片段、短小的文字作品、音乐作品或单幅的美术、摄影作品,这是对作品的种类及篇幅进行的限制。该条的立法目的与编写教科书的法定许可是一致的,都是为了贯彻九年义务教育制度和国家教育规划,实际上也是将编写教科书的法定许可延伸到了网络环境中,比如可以与现在开设的远程网络教育课程相联系。另外《信息网络传播权保护条例》第十条还规定了应当采取相应的一些技术措施,防止服务对象以外的其他人获得著作权人的作品,将使用的群体限制为符合条件的九年义务教

① 《信息网络传播权保护条例》第八条:"为通过信息网络实施九年制义务教育或者国家教育规划,可以不经著作权人许可,使用其已经发表作品的片段或者短小的文字作品、音乐作品或者单幅的美术作品、摄影作品制作课件,由制作课件或者依法取得课件的远程教育机构通过信息网络向注册学生提供,但应当向著作权人支付报酬。"

育制度或国家教育规划项目中的学生群体。

(6)通过网络向农村提供特定作品的法定许可

《信息网络传播权保护条例》第九条①规定，为了扶贫，通过网络向农村提供特定作品的法定许可，但严格意义上来讲这是一种类似法定许可的权利限制。对于此条规定有几处需要注意：首先，作品的著作权主体限定在了中国公民、法人和其他组织，受益的主体则是农村地区的公众，但是网络具有贯通性，很难只限定在农村地区的公众，这就使得该项限制不太具有可行性；其次，作品的内容限定在种植养殖、防病治病、防灾减灾等与扶助贫困有关的作品和适应基本文化需求的作品，并要求是已经发表的作品；再次，网络服务提供者在提供作品之前必须根据法定程序公告，著作权人若提出异议，网络服务提供者应当立即删除著作权人的作品并根据公告的标准向著作权人支付提供其作品期间的报酬；最后，网络服务提供者不能直接或间接获得经济利益。这条规定的立法原意是好的，农村地区信息不太发达，上述作品对农村地区更是有重要的意义，但其中有不合理之处，网络服务提供者在免费提供作品的同时需支付著作权人报酬还不允许直接或间接获得经济利益，虽然是不符合市场经济规律的，从另一方面说，网站在提供此类作品后，浏览量增加，知名度提高，间接

---

① 《信息网络传播权保护条例》第九条："为扶助贫困，通过信息网络向农村地区的公众免费提供中国公民、法人或者其他组织已经发表的种植养殖、防病治病、防灾减灾等与扶助贫困有关的作品和适应基本文化需求的作品，网络服务提供者应当在提供前公告拟提供的作品及其作者、拟支付报酬的标准。自公告之日起 30 日内，著作权人不同意提供的，网络服务提供者不得提供其作品；自公告之日起满 30 日，著作权人没有异议的，网络服务提供者可以提供其作品，并按照公告的标准向著作权人支付报酬。网络服务提供者提供著作权人的作品后，著作权人不同意提供的，网络服务提供者应当立即删除著作权人的作品，并按照公告的标准向著作权人支付提供作品期间的报酬。依照前款规定提供作品的，不得直接或者间接获得经济利益。"

带来经济利益又是必然的。

总结《著作权法》及相关法律法规中规定的六种法定许可情形可知，大多数的法定许可情形仍针对传统的复制方式，在网络环境下将他人提供的免费视频重新剪辑为片段以营利性的方式发布，并不属于法律规定的法定许可的情形。行为人出于营利性发布剪辑的片段必须经过著作权人的许可并支付报酬，否则就是一种侵权行为。

（三）发布二次创作作品行为的性质

行为人在他人提供的免费视频的基础上通过自己的创作可以形成演绎作品也可以形成“模仿讽刺作品”①。发布这两种不同形式作品的行为存在的争议点以及产生的法律后果都有所不同。

1.发布演绎作品的行为性质

（1）演绎作品的概念

演绎权并不是《著作权法》中规定的专业术语，其实它是包括改编权、汇编权、翻译权、摄制权等一系列对作品进行改编的权利。演绎作品也被称作派生作品，是指基于现有的作品通过重新创作或改编形成的作品。② 演绎作品是行为人在原作品的基础上进行二次创作而形成的新作品，这种作品虽然包含了行为人的创作，但是并没有改变原作品创作思想的基本表达形式。③

---

① 王迁：《论认定“模仿讽刺作品”构成“合理使用”的法律规则——兼评〈一个馒头引发的血案〉涉及的著作权问题》，《科技与法律》2006年第1期，第18页。

② 李明德、许超：《著作权法》（第二版），法律出版社，2009年，第40页。

③ 郑成思：《知识产权法》，法律出版社，1997年，第402页。

(2)发布演绎作品的行为性质界定

根据《著作权法》对于作品的界定,理论上,演绎作品只要符合独创性的实质要求并且不属于《著作权法》规定的不是作品的范畴都应该是作品,受到法律的保护,但是由于演绎作品是依赖原作品而产生的,与原作品有天然的联系,并不是一个完全独立的作品,所以演绎作品的后续使用问题是受到原作品的限制的。因此首先需要讨论的问题就是演绎作品获得著作权保护的条件是否包括需要征得原著作权人的许可。

按照《著作权法》对作品认定的条件,演绎作品符合独创性要求并且不属于《著作权法》规定的不是作品的范畴,应当就是受《著作权法》保护的作品,不需要以得到原著作权人的许可为条件,并且根据《著作权法》中的规定仅要求在行使演绎作品的著作权时不能侵犯原作品的著作权,并没有强调在对作品进行演绎时必须得到原著作权人的许可。所以行为人在未经原著作权人的许可下对原作品进行演绎形成的演绎作品应当受到法律的保护。这样来说,剪辑免费视频进行创作形成的演绎作品是一种新的作品,行为人对其演绎作品享有著作权。《著作权法》中对行为人行使演绎作品的著作权只有概括性的规定,即行为人在行使其著作权时不得侵犯原著作权人享有的著作权①,此外还规定了对演绎作品的出版、使用等需要得到原著作权人与演绎作品权利人的双重许可并支付报酬。② 这样的规定说明了演绎者对演绎作品虽然享有著作权,但对其的行使是受原作品著作权制约的,演绎作品中必然包含了原作品中受著作权保护的内

① 参见《著作权法》第十二条。
② 参见《著作权法》第三十四条、第三十六条第二款、第三十九条第二款。

容,对演绎作品的使用必然也包含了对原作品的使用,因此,使用未经原著作权人许可的演绎作品的行为会侵犯原著作权人享有的著作权,发布未经原著作权人许可创作的演绎作品的行为是一种侵权行为。

另外,可以从另一个角度根据行为人不同的行为方式分别定性,即根据行为人未经原著作权人许可对其作品进行演绎后,不同的处置方式分为两种情况来分析该行为是不是侵权行为①。一种是未将演绎作品进行发表,这种情况下演绎作品没有公开使用,个人性质的使用不会对原著作权人的利益造成损害,也不会对原作品的潜在市场造成影响,所以是一种合理使用的行为,并不侵权。另一种是行为人对演绎作品进行发表,行为人对原作品的使用并没有得到原著作权人的许可并且在这种情况下不再具有个人使用的性质从而构成侵权行为。按照此种分析,行为人对免费视频进行剪辑并融入自己的创作形成新的作品,再将演绎作品进行发表的行为对原著作权人的精神利益与财产利益都产生了损害,是一种侵权行为。

通过两种不同的思维方式对本文论述的发布演绎作品行为性质进行分析,都能得出其是一种侵犯原著作权人改编权的行为的结论。

2.发布“模仿讽刺作品”行为的性质

(1)“模仿讽刺”的概念

符合作品独创性要求的“模仿讽刺作品”实质也是一种对原作品进行改编的演绎作品,但是由于它有特殊的性质,所以与一般的改编

---

① 邱宁:《在合法与非法之间——未经许可创作的演绎作品之著作权辨析》,《法学杂志》2012年第4期,第144页。

作品有所不同。在著作权法理论中,“模仿讽刺”“特指通过模仿原作品的内容而对原作品加以讽刺或批评的改编创作形式”[①]。“模仿讽刺”一词源自英文“parody”,我国许多学者也将该行为翻译为“滑稽模仿”或“戏仿”,《布莱克法律词典》将知识产权法当中“parody”的用法定义为:“对知名作品进行转换性使用,以达到对原作进行讽刺、嘲弄、批判或评论的目的,而不是仅仅借用原作引起人们对新作品的注意。”[②]从该定义中可以得出对该词理解的两个重点:第一个重点是对作品进行了转换性使用,转换性使用是指行为人对原作品进行使用,如剪辑等行为,并不只是单纯为了再现原作品的艺术价值或功能,而是增加新的内容、思想或通过其他方式,使原作品有了新的价值或性质。[③] 在“parody”中为了使对原作品熟悉的观看者产生共鸣从而获得“滑稽”或“引人发笑”的效果,对原作品进行“模仿”就是必不可少的。第二个重点是要求对原作品进行“模仿”的目的是对原作品本身进行批评或讽刺,如果这种“模仿”行为是为了其他目的如一般性的娱乐或表达与原作品无关的主题,那么新形成的作品也不能被称作“parody”。因此,为了能够更加直观地表达“parody”的关键含义,本文没有采用“滑稽模仿”的译法,而是采用“模仿讽刺”来描述此概念。

(2)国外对发布“模仿讽刺作品”行为的性质界定

“模仿讽刺作品”这个概念是舶来品,国外的著作权法特别是美

---

① 王迁:《论认定“模仿讽刺作品”构成“合理使用”的法律规则——兼评〈一个馒头引发的血案〉涉及的著作权问题》,《科技与法律》2006年第1期,第18页。

② See *Black's Law Dictionary* (8th Edition), West Publications (2004), Parody.

③ 王迁:《论认定“模仿讽刺作品”构成“合理使用”的法律规则——兼评〈一个馒头引发的血案〉涉及的著作权问题》,《科技与法律》2006年第1期。

国的判例法对该概念的认定已经有了较为成熟的规则①,世界上许多其他国家也都逐渐对"模仿讽刺作品"进行了立法。比如西班牙的知识产权法中规定对于一部已经发表的作品进行"模仿讽刺"不需经过原作者的同意。在英国,"模仿讽刺"的文学形式发展繁荣,从大量存在的"模仿讽刺作品"就可以看出来,然而英国法律对此类形式的规定也极为严格,规定了"模仿讽刺"只能限于对原作品的内容或思想进行创新,不能复制原作品实质性部分的内容,并且要求是对原作品的直接模仿,不能对原作品进行改编后再进行模仿。② 2010 年,美国对此还专门出台了一部法案《2010 滑稽模仿法案》(*Parody Act of 2010*),法案中规定的判定"模仿讽刺作品"成立的标准为可以被"合理认知",也就是当熟悉原作品的人在看到新的作品时能产生合理的联想。③ 法案中也规定了如果作品一旦被认定为是"模仿讽刺作品",就直接推定为是合理使用,不需要再适用合理使用的判断标准对其进行判断。由此可见,在外国的相关立法中一般将"模仿讽刺"认定为是一种合理使用。

(3)国内对发布"模仿讽刺作品"行为的性质界定

以往,这类文化在我国并不常见,但是随着公众思想的活跃,"模仿讽刺"这种文化形式也出现在大众面前。然而在《著作权法》及相关法律中却没有对"模仿讽刺作品"的相关规定,只有一些学者在学术层面对其进行研究讨论。

---

① 王迁:《论认定"模仿讽刺作品"构成"合理使用"的法律规则——兼评〈一个馒头引发的血案〉涉及的著作权问题》,《科技与法律》2006 年第 1 期。

② 张清:《我国滑稽模仿现象的著作权法规制研究》(湘潭大学硕士学位论文),2013 年。

③ 同上。

“模仿讽刺”不同于一般意义上对原作品进行的演绎，就网络环境下的“模仿讽刺”行为来说，行为人一方面大量使用原作品的原始画面或其他基本表达方式，另一方面又通过对这些画面的剪辑、重新配音或是配乐创作出了新的作品，而新作品表达了新的观点或态度，对原作品本身进行了批评或讽刺。这种特殊的“评论”式的引用导致了“模仿讽刺作品”与一般演绎作品有所不同的特殊性，也不同于一般意义上的改编，理论界大多认为“模仿讽刺”行为构成合理使用，并不是对原作品的一种侵权。

一般而言，判断一种对原作品进行引用的行为是否符合《著作权法》中规定的合理使用情形应当考虑被使用的部分在作品中的长度以及是不是核心内容，即其重要性，当被引用的内容越是原作品的核心内容或占原作品的比例越大便越难以认定为是一种合理使用。但是在“模仿讽刺”行为中，对原作品经典、显著特征的复制越多，其引发滑稽或表达批评的效果就越好，所以说“模仿讽刺作品”对原作品核心内容使用的合理性并不能因此而被否定，单纯地以“模仿”原作品内容的多少来判断“模仿讽刺作品”是否构成合理使用是不恰当的。另外，在一般情况下限制引用数量的原因是大量引用原作可能会产生对原作品的替代性效果，但是在“模仿讽刺作品”中并不要求直接对原作品的全部或部分价值进行利用，而是在新作品中将使用的部分转换为批评或讽刺的工具，公众通过新的作品可以感受到作者的创造性，感受到其对原作品批评或讽刺的态度和观点，这种“模仿”行为只是一种表达自己观点和态度的手段，并不是为了利用原作品本身的价值或功能而成为原作品的一种替代品。但是即便如此，引用的数量也不是没有限制的，正如《著作权法》对合理使用情形中规定的引用有“适当”的要求，“模仿”的程度应当与其批评或讽刺的程度有适当性，这种“模仿”与批评讽刺的效果应当有一定的关系，这种关联性越紧密，其越可能是一种合理使用行为。除此之外，还应考虑“模仿讽刺作品”是否对原著作权人的利益造成著作权法上的损害，如果“模仿讽刺”行为对原著作权人的利益造成了著作权法上的损害，也很难将其归为一种合理使用。“模仿讽刺作品”对原作品进行批评或讽刺可能或多或少对原作品产生影响，但是这种影响并不是著作权法上的利益损害，也不是因为其对原作品产生了替代性效果。

根据上述分析可知，行为人如果对免费视频进行剪辑，形成了“模仿讽刺作品”，并进行发表，虽然《著作权法》中对此没有具体的规定，但是对于其行为符合“模仿讽刺”条件的，我国的理论界通常认为其构成合理使用，而不是一种侵权行为。

三、剪辑免费视频发布行为的侵权责任

著作权是公共政策的产物，它之所以可以成为法律上的财产是出于推动技术发展、促进社会进步以及保护某些特定利益的公共政策的需要，也就是说一个国家对于著作权或者说知识产权的相关规定与其追求的法律效果是相关联的。著作权被侵犯的后果并不是智力成果本身受到毁损或灭失，而是行为人侵犯了权利人对作为无形财产的智力成果的专有权。对于物权这种人们易于感知的权利来说，物权专有性可以依靠物权人对物的占有进行保护，而著作权的客体具有非物质性的特征，著作权的客体不能够像物

权的客体那样进行占有或公示,这就给著作权的保护和侵权认定带来很大的困难。著作权的专有性只能依靠法律进行保护,占有这种对物权进行自力保护的方法对于著作权的保护并不适用,权利人无法依靠自己的力量对其享有的著作权进行自力保护,只能依靠法律的强制力量。另外,著作权侵权行为所造成的损害多表现为可得利益的损失,所以著作权人的实际损失或是侵权人非法获利都很难确定。

通常可以将网络活动中的参与者大致分为三类:网络内容提供者、网络服务提供者和网络服务消费者(用户)。当然,这三种类型的角色并不是固定不变的,而是相对的概念,互有交叉,有时还会发生变化。根据上文论述,剪辑使用免费视频的行为在一定情况下会侵犯原著作权人的著作权,有了侵权行为就应当有主体对此承担侵权责任,针对这种行为模式,发布者,即网络内容提供者与网络服务提供者都有需要承担侵权责任的可能性,但是两种主体不同,侵权责任的归责原则也有所不同,应当分别进行讨论。

(一)直接发布者的侵权责任

通过上文对发布剪辑免费视频行为性质的认定可知,发布作为一种对剪辑免费视频的使用形式,在未经原著作权人许可和缺乏法律依据的情况下,是一种侵权行为,构成对著作权的直接侵害。

著作权人对其作品享有著作专有权,在这个权利范围内,是排除其他人进入的,当其他人在未经权利人或法律的许可进入了这个专属的权利范围内,就构成了对著作权的直接侵害。《著作权法》当中规定的著作权侵权要件与民法中规定的一般侵权行为的侵权要件有所不同。《民法通则》规定的一般侵权行为构成要件有四个，即侵权行为、损害结果、行为与结果之间存在因果关系以及行为人的主观过错，即在民法领域中认定侵权行为需要满足这四个要件。但是在著作权领域，侵权行为的认定并不要求行为人有主观的过错也不要求损害结果的存在，也就是说只要是未经著作权人的允许使用了著作权人享有著作权的作品并且没有法律上的许可即是侵权。但是在法律上，侵权行为与侵权责任又是两个相区分的概念，有侵权行为的存在不一定要承担侵权责任。主观过错不是构成侵权行为的必要要件，但是会影响损害赔偿的数额或是救济方法。也就是说，对于发布侵权视频的行为人的直接侵权行为适用无过错原则，主观过错并不影响对“直接侵权”的认定。

（二）平台服务商的侵权责任

在著作权法理论当中还有一种“间接侵权”，是相对于“直接侵权”而言的，是指行为人并没有直接实施侵犯著作专有权的行为，但是其行为与他人的“直接侵权”行为存在某些特定的关系，也被法律规定为侵权行为。[①] 通常来讲，“间接侵权”行为人是教唆或帮助“直接侵权”人实施了侵权行为而承担共同侵权责任或者是因为对他人的侵权责任有监督义务而负有特殊的责任。[②]

“直接侵权”的行为往往不是孤立存在的，经常需要借助第三人的帮助或支持，“间接侵权”是以“直接侵权”为前提的。正如在网络

① 王迁：《知识产权法教程》（第二版），中国人民大学出版社，2009 年，第 259 页。
② 吴汉东：《论网络服务提供者的著作权侵权责任》，《中国法学》2011 年第 2 期，第 39 页。

环境下,行为人将其剪辑的免费视频以发布的形式发表单以个人能力难以实现。行为人将侵权的作品进行发布并传播需要通过一定的平台,在这个过程中不仅会有行为人的直接侵权行为,可能还会导致第三方也承担侵权责任。如平台服务商或网络服务提供者提供的网络接入和信息储存服务是行为人得以实施侵权行为的必要条件,为行为人的侵权行为提供了"实质性的帮助"。

根据《信息网络传播权保护条例》中的总结概括,网络服务提供者提供的网络服务大致可以分为三种[①]:第一种是网络接入服务,为信息的传播提供"通道",服务商不对传播的内容进行控制,形象地说就是中国电信、中国网通等网络服务的提供者;第二种是信息储存服务,用户可以将信息储存于服务商提供的储存空间,上传的内容可以被其他的用户浏览或下载,典型的有百度网盘、BBS(电子公告牌系统)等;第三种是信息定位服务,这主要描述的是搜索引擎的功能,如谷歌、百度等提供的搜索功能。

对于是否构成"间接侵权",理论界倾向于采用"过错责任原则",即要求平台服务商主观上有"过错",平台服务商如果对侵权行为并没有主观过错或不知道侵权行为的存在即不构成间接侵权,但是对于"知道"或是"知晓"这种主观心理状态的判断必须要建立起通过一定的外部相关事实来判断的规则而不是简单的主观标准。目前,世界各个国家在对平台服务商主观过错方面的认定基本形成了比较一致的规则,即平台服务商并没有对网络活动进行监控的义务。美国有一个比较早期的案例是讲被告弗雷纳(Fre-

① 王迁:《知识产权法教程》(第二版),中国人民大学出版社,2009年,第262页。

na)公司经营了一个 BBS,有一个客户擅自上传了 170 张《花花公子》杂志享有版权的照片,虽然被告公司在发现该情况后立即删除了这些照片,但是美国法院仍然判决了被告的行为构成侵权。① 另外,在德国法院早期的判决中也认为网络服务提供者有义务确保在其服务器中不会发生任何侵犯著作权的行为,因此网络服务提供者应当对在其服务器中存放的任何非法内容承担责任。② 但是这样的做法显然是不公平的,也会极大地限制网络服务行业的发展,若平台服务商需对在其服务器上发布的内容进行严格的实质性审查,无疑会加大其人力、物力的负担,经营费用也会大大增加,进而导致用户需要承担的费用增多,也影响网络服务的发展和普及,降低信息传播的速度,这与发展网络技术的价值取向是不一致的。对此,美国在 1998 年通过的《千禧年数字版权法》(*The Digital Millennium Copyright Act of 1998*)当中明确规定了平台服务商没有监视网络、寻找侵权活动的义务。

提供网络服务的网络接入服务者仅仅是提供网络"通道",其很难也没有合理的理由知道侵权行为的发生,所以不应对用户的侵权行为承担责任。但是对于提供信息储存服务和信息定位服务的服务者来说,虽然审查到所有的侵权行为是不实际的,但是其有对侵权行为进行审查的可能性。

以提供信息储存服务的网盘为例,2015 年国家版权局印发的《关于规范网盘服务版权秩序的通知》(以下简称《通知》)中针对网

---

① See Playboy Enterprises, Inc. v. Frena, 839 F.Supp.1552(M.D.Fla.1993).

② 马库斯·斯特凡布勒默:《因特网服务提供商在德国和欧洲法中违反版权的责任》,《版权公报》2001 年第 2 期。

盘服务提供者作出了要求,明确了其在提供服务的过程中应尽的义务以及应当承担的责任。对于网络服务提供者的注意义务进行了进一步的明确,比如提醒义务,《通知》规定了网盘服务提供者应当在其网盘首页显著位置提示用户遵守《著作权法》,尊重著作权人合法权益,不违法上传、存储并分享他人作品;删除义务,应当及时受理权利人通知、投诉,并在接到权利人通知、投诉后 24 小时内移除相关侵权作品,删除、断开相关侵权作品链接等。另外,理论界之前认为,网盘的服务提供者虽然没有必需的事前审查义务,但是对于明显侵权的内容应当予以制止,否则也可能会承担间接侵权的责任。在此次的《通知》当中,也明确规定了网盘服务提供者不能以不知情为理由推诿自己的责任的六种行为,分别是:权利人向网盘服务提供者发送了权利公示或者声明的作品;根据权利人通知已经移除的作品;版权行政管理部门公布的重点监管作品;正在热播、热卖的作品;出版、影视、音乐等专业机构出版或者制作的作品;其他明显感知属于未经授权提供的作品。即在这六种情况下,网盘服务提供者是有义务对侵权行为作出审查的,当明知为侵权作品而不予以删除,则网盘服务提供者需要承担"间接侵权"责任。

由此可见,平台服务商一般作为"间接侵权"的主体,在归责原则上一般采用"过错责任原则",但是这种"过错"并不能进行简单的主观判断,需要有合理的判断体系。对于法律法规中有明确规定的行为,平台服务商可能还会适用"无过错责任原则"来承担"间接侵权"的责任。

四、结语

《著作权法》的立法目的不仅仅是通过保护著作权人的合法权利提高其创作积极性,还应包含通过促进作品传播并扩大其带来的经济效益进而兼顾社会效益,以满足社会公众的合理需要,其最终目的是促进社会主义文化和科学事业的发展与繁荣。过分保护任何一方利益都会损害另一方的合法权益,至于二者哪一个更为重要是一个价值判断及选择问题,找到著作权人与社会效益二者之间的合理平衡点并合理地进行规制是要解决的难题所在。

网络中存在着大量可以供公众免费观看的视频,但并不是所有的视频都是受著作权法保护的作品。对于属于作品范畴的视频来说,行为人对免费视频作品进行剪辑,单纯就剪辑行为而言是一种合理使用,并不会对原著作权人的著作权产生损害。

但是当行为人使用这些被剪辑过的免费视频进行发布就可能会侵犯原著作权人的著作权。具体来讲,当免费视频被剪辑成视频片段再发表,可因其为免费发布或营利性发布产生不同的法律后果:免费发布剪辑片段不会对原著作权人的著作财产权造成损害,但若没有注明来源则可能侵犯原著作权人的署名权、修改权、保护作品完整权等精神权利;将被剪辑的视频片段以营利的形式发表时,不仅会对上述著作人身权造成损害,还会侵犯原著作权人的著作财产权中的复制权,这种营利性使用作品片段的行为已经不能称作合理使用的行为,也不属于法律规定的法定许可的范畴,所以是一种侵权行为。

行为人也可以对原本的免费视频进行创作形成新的作品,这是一种演绎行为,其对新形成的演绎作品享有著作权,但是这不是一种完全独立的著作权,其行使需要受到原著作权人著作权的限制。在未经原著作权人许可的情况下,行为人可以对其作品进行演绎,但是使用演绎作品时不能侵犯原著作权人的著作权,发布演绎作品作为一种使用的形式,侵犯了原著作权的著作人身权和财产权,是一种侵权行为。

"模仿讽刺"作为一种特殊的"演绎"形式,与一般的演绎行为有所区别,《著作权法》对这种行为没有进行规定,但是根据美国等国较为成熟的理论规则以及我国理论界的分析,大多将其定义为合理使用,并不是侵权行为。

当产生侵权行为时,行为人作为发布者是一种"直接侵权",对这种侵权责任采用"无过错责任"的归责原则,即行为人的主观过错并不是判断侵权的要件。除此之外,行为人在网络中实施的"直接侵权"行为往往需要借助网络服务提供者的"帮助",这就会涉及第三方的"间接侵权"。网络服务接入的服务者因其提供的是网络接入服务,对传播的信息无审查的可能性往往不会成为"间接侵权"的主体,提供信息储存或定位服务的网络服务提供者一般以"过错责任"原则判断其是否需要承担侵权责任。网络服务提供者虽然没有完全的事前审查义务,但不能单纯以"不知情""无过错"的主观标准来判断其是否有过错,应有合理的外部判断标准。另外根据相关法律法规的规定,网络服务提供者在有的情况下适用"无过错责任"原则承担"间接侵权"的责任。

网络环境下,大量的免费信息使得侵权的成本接近于零,对作品的保护也愈加困难,公众误认为对可以免费获得的大量信息或是作品可以随意不加限制地进行使用,这种想法是不可取的。而技术条件的限制也决定了这种现象在当前的情形下很难追责,一方面应在法律层面制定符合当前现状的法律法规政策,以调控人们的行为,提高人们的知识产权保护意识;另一方面,还需在技术层面积极探索控制滥用他人享有著作权作品行为的措施。

参考文献

[1]雷炳德.著作权法[M].张恩民,译.北京:法律出版社,2005.

[2]吴汉东.著作权合理使用制度研究:第三版[M].北京:中国人民大学出版社,2013.

[3]李扬.知识产权法基本原理[M].北京:中国社会科学出版社,2010.

[4]韦之.著作权法原理[M].北京:北京大学出版社,1998.

[5]王迁.著作权法[M].北京:中国人民大学出版社,2015.

[6]崔国斌.著作权法原理与案例[M].北京:北京大学出版社,2014.

[7]王迁,王凌红.知识产权间接侵权研究[M].北京:中国人民大学出版社,2008.

[8]陈明涛.网络服务提供商版权责任研究[M].北京:知识产权出版社,2011.

[9]唐义虎.知识产权侵权责任研究[M].北京:北京大学出版社,2015.

[10]王景川,胡开忠.知识产权制度现代化问题研究[M].北京:北京大学出版社,2010.

[11]卢海君.从美国的演绎作品版权保护看我国《著作权法》相关内容的修订[J].政治与法律,2009(12).

[12]孙玉芸.论演绎作品的固定性[J].武汉理工大学学报(社会科学版),2015(2).

[13]阮开欣.演绎作品的合理使用问题研究——以 Keeling v. Hars 案为视角[J].中国版权,2016(3).

[14]陈锦川.演绎作品著作权的司法保护[J].人民司法,2009(19).

[15]郑成思.临摹、独创性与版权保护[J].法学研究,1996(2).

[16]刘友华.论知识产权权利冲突及其协调[D].湘潭大学,2003.

[17]黄汇.非法演绎作品保护模式论考[J].法学论坛,2008(1).

[18]刘杨.正当性与合法性概念辨析[J].法制与社会发展,2008(3).

从学位论文使用授权书看学位论文的版权问题

学位论文选题相对新颖,理论性和系统性较强,对于科学研究有很大的参考价值。由于学位论文数量巨大,不成体系,所以不适合纸质出版。

众多同一领域的学位论文汇集在一起,形成强大的数据库,为该领域的科研、生产等人员提供知识服务,具有巨大的商业价值。所以,学位论文是数据库出版的最重要来源。数据库出版是学位论文作品数字版权的重要方面。由于各学校对学位论文的版权归属、权利授权方式、约定等方面规定不一,导致在互联网发达的今天,对学位论文作者的数字版权保护比较薄弱。本文通过分析国内外高校的学位论文著作权规定,旨在唤醒广大高校更加重视、规范对学位论文版权的管理与使用,保护作者的合法权利,保护创新积极性与创新成果,为建设知识产权强国打好基础。

数字网络技术的发展极大地推动了学位论文的传播利用,但同时也暴露了大量的版权问题。相关的法条对学位论文版权问题规定不详,目前各高校主要通过与作者签署学位论文使用授权书来规定学位论文的相关权利。笔者查阅了近 30 所高校的学位论文使用授权书,并对其进行详细对比研究,发现各高校的论文授权书对于论文版权归属、许可使用说明以及转授权条件的规定存在较大差异。各高校对于学位论文版权的归属不尽相同,其许可使用说明不完善,转授权条款不明确,这些无疑是对作者版权的漠视。加强对学位论文的管理,规范和改进各高校的学位论文使用授权书,对于保护作者权利以及促进学位论文的开发利用有着至关重要的意义。

一、我国学位论文使用授权书的现状

我国目前有关法律对于学位论文的提交和保存的相关规定见于《学位条例暂行实施办法》第二十三条："获得硕士学位和博士学位的毕业生需要在毕业论文通过后，将毕业论文交至高校图书馆存档，除此之外博士毕业生还需要为北京图书馆和规定的有关专业图书馆各自提供一份学位论文。"①《高等学校知识产权保护管理规定》提出"进一步完善高等学校知识产权管理制度，切实加强高等学校知识产权保护工作，积极促进和规范管理高等学校科学技术成果及其他智力成果的开发、使用、转让和科技产业的发展"。对于各大高校在对学位论文版权保护工作中的责任规定如下："组织签订、审核本校知识产权的开发、使用和转让合同。"本文所述的学位论文使用授权书即属于此类合同，2000年以后，我国各大高校在授予学位时逐步要求签署学位论文使用授权书，特别是硕士学位和博士学位的学位论文使用授权书（有些高校称之为"学位论文使用授权说明""版权使用授权声明""学位论文使用授权声明"）要求相对严格。尽管对于此项协议的叫法不尽相同，但其实主要内容都是学位论文使用授权的相关规定，包含授予学位的各高校提前拟定的格式条款，以及作者的签名盖章，与学位论文一同装订。为了方便表述，本文统一称之为学位论文使用授权书。以下为清华大学、北京大学、郑州大学、西北农林科技大学、兰州大学的学位论文使用授权书。

---

① 褚兆麟：《学位论文版权使用授权协议规制探讨》，《广西图书馆学会2012年年会暨第30次科学词论会论文集》。

清华大学关于学位论文使用授权的说明

本人完全了解清华大学有关保留、使用学位论文的规定，即：学校有权保留学位论文的复印件，允许该论文被查阅和借阅；学校可以公布该论文的全部或部分内容，可以采用影印、缩印或其他复制手段保存该论文。

（涉密的学位论文在解密后应遵守此规定）

签名：　　　　导师签名：　　　　日期：

北京大学学位论文使用授权说明

（必须装订在提交学校图书馆的印刷本）

本人完全了解北京大学关于收集、保存、使用学位论文的规定，即：

· 按照学校要求提交学位论文的印刷本和电子版本；

· 学校有权保存学位论文的印刷本和电子版，并提供目录检索与阅览服务，在校园网上提供服务；

· 学校可以采用影印、缩印、数字化或其他复制手段保存论文；

· 因某种特殊原因需要延迟发布学位论文电子版，授权学校一年/两年/三年以后，在校园网上全文发布。

（保密论文在解密后遵守此规定）

论文作者签名：

导师签名：

日期：　　年　　月　　日

郑州大学学位论文使用授权声明

本人在导师指导下完成的论文及相关的职务作品，知识产权归属郑州大学。根据郑州大学有关保留、使用学位论文的规定，同意学校保留或向国家有关部门或机构送交论文的复印件和电子版，允许论文被查阅和借阅；本人授权郑州大学可以将本学位论文的全部或部分编入有关数据库进行检索，可以采用影印、缩印或者其他复制手段保存和汇编本学位论文。本人离校后发表、使用学位论文或与该学位论文直接相关的学术论文或成果时，第一署名单位仍然为郑州大学。保密论文在解密后应遵守此规定。

学位论文作者：

日期：　　年　　月　　日

西北农林科技大学关于研究生学位毕业论文使用授权的说明

本学位毕业论文的知识产权归属西北农林科技大学。本人同意西北农林科技大学保存或向国家有关部门或机构送交论文的纸质版和电子版，允许论文被查阅和借阅，同意西北农林科技大学将本学位毕业论文的全部或部分内容授权汇编录入《中国优秀硕士学位论文全文数据库》进行出版并享受相关权益。本人保证在毕业离开或者工作调离西北农林科技大学后发表或者使用本学位毕业论文及其相关的工作成果时必须以西北农林科技大学为第一署名单位，否则按违背《中华人民共和国著作权法》等有关规定处理并追究法律责任。任何收存和保管本论文各种版本的其他单位和个人(包括研究生本人)未经本论文作者的导师同意，不得有对本论文进行复制、修改、发行、出租、改编等侵犯著作权的行为，否则按违背《中华人民共和国著作权法》等有关规定处理并追究法律责任。

续表

保密的学位论文在保密期限内不得以任何方式发表、借阅、复印、缩印或扫描复制手段保存、汇编论文。

研究生签名：　　　　　　　　　　导师签名：

时间　　　　年　　　　月　　　日

兰州大学研究生学位论文电子版使用授权书

《　　　　　　　　　　》是本人在兰州大学攻读博士□/硕士□学位的毕业论文,现已通过答辩。本人作为此论文的著作权人,同意向兰州大学图书馆提交该论文的电子版和印刷本各一份。

根据《中华人民共和国著作权法》的规定,本人授权兰州大学图书馆对该论文电子版享有以下权利:(同意者画✓)

1.同意提交全文。可以在提交

半年(公开)□　一年(秘密)□　二年(机密)□　三年(绝密)□　期限之后,由图书馆在校园网上提供全文浏览。

2.本人论文解密之后,同意向“CALIS 高校学位论文全文数据库”提交:论文标题、提要和论文前 16 页□　论文全文□。

3.不同意提交电子版论文□。(选此项者,须由作者本人出具不能公开证明,导师签字,院系所加盖公章。)

图书馆承诺:

1.不对论文从事收集、保存、发布以外的其他活动;

2.未经著作权人同意,不得从事营利性活动。

院系:　　　　　　　　　　　　　　学号:

作者(授权人)签名:　　　　　　　　时间:

被授权人:兰州大学图书馆

以上学位论文使用授权书大体上包含了四个部分的内容：第一部分一般为确定版权即著作权的归属。第二部分多为许可利用的规定，一般表述为作者本人了解某某高校关于保存、许可、利用本学位论文的相关规定；按照规定向国家规定的有关机构和部门送交学位论文的复印件，许可学位论文被借阅使用的条款。第三部分为授权的相关内容，概括描述为作者授权高校可以把学位论文中的部分或者全部内容整理进有关数据库以便检索利用（学位授予单位可以复制论文的部分或全部内容用于非营利性的学术活动），可以根据学校的规定采用扫描、复制、影印等方式保存学位论文。第四部分是落款，基本都包含了指导老师签名、学生签名和日期等。还有一些学校的学位论文使用授权书包含违约责任的规定，如西北农林科技大学规定："本人保证在毕业离开或者工作调离西北农林科技大学后发表或者使用本学位毕业论文及其相关的工作成果时必须以西北农林科技大学为第一署名单位，否则按违背《中华人民共和国著作权法》等有关规定处理并追究法律责任。"还有，其他收录本论文各种版本的个人和单位不得对论文进行修改、复制和发行，除非征得指导老师的同意，否则依照法律追究责任。这里的个人也包括了学生本人，这项规定将学位论文的指导老师的权利无限扩大。

（一）学位论文的版权归属

从查阅的 30 所高校的学位论文使用授权书来看，我国各高校对于学位论文的版权归属的态度分为以下四种：

第一种，明示学位论文的著作权归属学位授予高校，如郑州大学的学位论文使用授权书中规定学生本人在指导老师指导下完成的学位论文，著作权属于郑州大学。像这样规定论文版权属于学校的还有四川大学、西北农林科技大学、北京师范大学、兰州大学、华南理工大学、陕西师范大学等。

第二种，明确指出学位论文的版权属于学生，如南开大学的学位论文使用授权书中明确说明学位论文版权属于学生本人。仅有少数高校在学位论文使用授权书中明确版权属于学生。

第三种，学位论文的版权归属没有明确指出，而是根据具体情况来划分学位论文的版权归属，这也是大多数高校的态度。比如复旦大学等高校的学位论文使用授权书中没有明确说明论文的版权归属，但是在相关文件中根据具体情况进一步作了细分。其中《清华大学研究生学位论文著作权管理规定》中指出：一般情况下，学位论文的作者享有论文的著作权；但是学位论文中涉及的工程设计、产品设计图纸及其说明、计算机软件、地图等作品，如果是利用清华大学的物质条件创作完成的，那么责任由清华大学来承担，其知识产权也归属清华大学。复旦大学也有类似的条款，详情见于《复旦大学研究生学位论文著作权管理暂行规定》。

第四种，未说明版权的归属，在此类论文使用授权书中并未对版权的归属作出明确的规定，但是根据其许可使用条款以及转授权条款的规定，注明的“本人”作出授权和许可声明，可看作默认学位论文的作者就是著作权人。如北京大学、安徽大学等。

（二）许可利用条款

1.关于许可权利性质的规定

各高校的论文使用授权书中一般都有“高校可在一定范围内利

用论文”的相似规定，如北京大学规定学校有权保存论文的印刷版本和电子版本，并且提供检索和阅览服务，在校园网上提供服务，可是这些都没有对被授权的权利类型和具体内容作出清晰的划分和规定。也有部分学校，比如中山大学、清华大学在论文使用授权书的许可利用条款中明确地对利用目的进行了不同类型的划分，具体分为商业利用、公益性利用包括教学和科研利用。此外，各个高校的论文使用授权书中多有涉及关于保密条款的规定。

2.关于许可利用时间的规定

统计结果显示，北京大学、武汉大学、北京师范大学、厦门大学、西安交通大学的学位论文授权书对学位论文的公开时间有可选择的条款（非涉密学位论文除外），其余学校的论文使用授权书对于论文的公布时间没有限制，也就是说随时可以公布论文，当然前提是论文已经提交。例如，北京大学的学位论文使用授权书规定：如果学位论文的电子版因为特殊原因不能即时发布需要延时发布的，经过申请，学校可在授权一年/两年/三年以后再进行发布。武汉大学的学位论文使用授权书中规定：在本论文提交当年，同意在校园网上提供前16页全文浏览服务，在本论文提交当年/一年/两年/三年/五年以后同意在校园网上允许读者浏览并下载全文。西安交通大学有这样的规定：学校图书馆以及网络服务系统提供在线检索功能，可以通过检索论文标题进行相关资料的搜索。但是不提供五年内的论文在线查阅服务，如有需要可以在确定查阅标题后到学校指定的阅览室查阅学位论文，但是不能将学位论文带出或者复制。

3.关于许可利用范围的规定

清华大学、北京大学、武汉大学、四川大学、南开大学、华东政法大学、陕西师范大学这七所高校的学位论文使用授权书中规定了可以在高校的图书馆或者指定的资料室利用学位论文,也可以通过校园网查询利用。例如,四川大学的学位论文使用授权书规定:各高校对于已经经过解密或者公开的学位论文置于图书馆资料室等,方便教学和科研使用,也可以上传于校园网上供教学科研使用。除此之外,西安交通大学等高校对于文献的传递条款在学位论文使用授权书中有所规定。华南理工大学的学位论文使用授权书中规定:同意将学位论文发布于校园网上,校内老师、学生及与本高校有共享协议的高校或者单位可浏览使用。西安交通大学虽然没有在学位论文使用授权书中作出规定,但在《西安交通大学关于保存、使用本校学位论文的管理办法》中明确指出:本校学位论文收录于图书馆并且不对其他高校提供相关的传递服务。和西安交通大学一样,大连理工大学也在《大连理工大学硕士、博士学位论文版权使用规定》中作出了如下规定:电子版学位论文为存档于有馆际合作关系的兄弟高校用户(这里是指和大连理工大学有馆际合作并且有正式的合作协议的图书馆)提供文献的交换服务和文献的传递服务。而调查的其他高校的学位论文使用授权书中都没有对学位论文许可利用范围作出明确的规定。

(三)转授权条款

1.转授权对象

学位论文的使用授权对象以学位授予单位为主,比如郑州大学和广西师范大学的论文使用授权书,郑州大学的学位论文使用授权书中有这样的条款:“本人授权郑州大学可以将本学位论文的全部或部分编入有关数据库进行检索,可以采用影印、缩印或者其他复制手段保存和汇编本学位论文。”

转授权对象还包括高校学位论文全文数据库参建单位、中国高等教育文献保障系统、中国学术期刊电子杂志社、中国科学技术信息研究所(包括万方数据电子出版社)以及其他和高校有馆际合作和共享协议的单位等。厦门大学、北京第二外国语学院、西北农林科技大学、南开大学、苏州大学、哈尔滨工业大学、中国海洋大学、中国科技大学、中南大学的学位论文使用授权书中都有此规定,其中西北农林科技大学的学位论文授权书中规定:授权中国科学技术信息研究所将学位论文汇编录入《中国优秀硕士学位论文全文数据库》进行出版并由研究生享受相关权益。

2.转授权内容

关于发表权授权,基本上所有学校的学位论文使用授权书中都有类似的条款,如允许学位论文被查阅和借阅,西北农林科技大学、中国科技大学等规定:授权相关单位可以将本学位论文的全部或部分内容编入有关数据库进行检索和利用。

关于出版发行权授权,只有个别学校在学位论文使用授权书中有约定,如中央美术学院允许作者毕业设计的作品以画册的形式进行出版。① 当然,授权编入数据库进行检索是数字版权的发行授权。

关于汇编权授权,24 所学校授权书中约定:高校可以通过扫描、影印等其他方法对学位论文进行复制、保存以及对学位论文进行汇编。

---

① 穆卫国:《基于“哲学核心书目”的馆藏漏采分析研究》,《图书馆建设》2010 年第 3 期,第 53 页。

关于信息网络传播权授权，有三所学校在学位论文使用授权书中作出了相关的规定，如武汉大学在学位论文使用授权书中对文摘、前 20 页、全文服务等三种使用方式分别作了不同的规定。①

（四）报酬支付以及违约责任

在此次调查的各大高校的学位论文使用授权书中没有提及具体报酬事项，不过也有一些学校通过其他的方式发了通知以说明稿酬领取的具体问题，如华南师范大学。

二、学位论文使用授权书中存在的问题

（一）学位论文版权归属

《著作权法》第十一条规定："作品的著作权属于作者，本法另有规定的除外，由法人或者其他组织主持，代表法人或者其他组织意志创作，并由法人或者其他组织承担责任的作品，法人或者其他组织视为作者。如无相反证明，在作品上署名的公民、法人或者其他组织为作者。"由此我们可以看到《著作权法》并没有对高校的学位论文的著作权归属作出相应明确清晰的规定。而《世界版权公约》和《伯尔尼公约》对于高校学位论文的版权归属也都无一例外地没有作出具体的规定。从上文的学位论文使用授权书中可以清楚地看到对于学位论文的版权归属，各高校持有不同的意见，有些学校规定学位论文版权属于学校所有，而有的学校则根据具体情况区分对待，有部分作

① 孙博阳：《Google 学术搜索工具及其在我馆的应用》，《大学图书馆学报》2007 年第 2 期。

品版权属于学生。

《著作权法》第十六条规定:“公民为完成法人或其他组织工作任务所创作的作品是职务作品。”其第二款规定:“有下列情形之一的职务作品,作者享有署名权,著作权的其他权利由法人或者其他组织享有,法人或者其他组织可以给予作者奖励:(一)主要是利用法人或者其他组织的物质技术条件创作,并由法人或者其他组织承担责任的工程设计图、产品设计图、地图、计算机软件等职务作品;(二)法律、行政法规规定或者合同约定著作权由法人或者其他组织享有的职务作品。”分析该条款,学位论文的版权归属可以归纳为以下三种情况:一是学位论文的作者享有完全的版权;二是学校享有论文的著作权,学生本人作为作者仅仅享有毕业论文的署名权;三是学生作为作者本人享有版权但是学校在一定范围内可以免费且优先使用。①发表权、汇编权等权利为授权学校所享有。

类似郑州大学这类规定学位论文知识产权归属学校的,其版权也归属学校。区分清楚作者与著作权人的关系,即可理解这类规定的原因。就学生与学校的关系来看,学生在利用学校的科研条件,参与导师的科研工作,在导师的长期指导下,通过自己的创作完成毕业论文。学生不是自由地、独立地表达思想,是按照学校专业方向,利用学校科研条件与经费完成的,学生是作者,学校是著作权人。《著作权法实施条例》第三条明确指出,学位论文的指导教师不属于研究生学位论文的创作者,所以部分高校提出学位论文版权由学生和老师所共有的规定明显不合理。② 高校学生想要顺利毕业并且取得学

① 曹娴静:《学位论文版权问题分析》,《图书馆界》2008 年第 3 期。
② 黄金艳:《关于博、硕士的学位论文著作权问题》,《知识经济》2014 年第 1 期。

位必须完成符合要求的学位论文，对于博士和硕士的要求更高。学生通过参加导师的科研项目并且以此为课题完成自己的毕业论文，高校以此作为学位论文版权归属高校的依据。原因如下：学位论文的实际撰写是由作者完成，代表的是作者的意志。但其是在开题时经过学院组织科研论证，通过后才开始研究，以避免科研失败造成科研资源与时间的浪费。毕业时通过答辩委员会的审阅，毕业论文通过了，作者被授予学位，这就代表了学校的意志。学校在不侵犯学生版权的情况下作出对学位论文优先或者免费使用的要求是合理的。①

（二）许可利用条款不明确

《著作权法》第二十四条规定："使用他人作品应当同著作权人订立许可使用合同，本法规定可以不经许可的除外。许可使用合同包括下列主要内容：（一）许可使用的权利种类；（二）许可使用的权利是专有使用权或者非专有使用权；（三）许可使用的地域范围、期间；（四）付酬标准和办法；（五）违约责任；（六）双方认为需要约定的其他内容。"

但是我们从上文可以看出各高校的学位论文使用授权书的许可利用条款内容残缺不全，不能按照许可利用的具体相关条款拟定，显然不符合规定。学位论文使用授权书中大多作出这样简单的表述："论文的作者同意高校采取各种手段保存并且使用学位论文。"这些学位论文使用授权书缺少《著作权法》中关于许可利用的规范条款，如使用时间期限、地域的规定和使用类型等，因而十分不妥。

---

① 姚蓉、方怡：《试论博硕士论文资源建设中的知识产权问题》，《现代情报》2010年第7期。

（三）转授权内容约定含混不清

如果学校是著作权人，本身就享受《著作权法》规定的部分内容，不是由学生以作者同时又是著作权人的身份转来的。

依据《著作权法》第二十六条：在学位论文的转让和许可使用合同中要明确许可、转让权利，合同相对人只有通过著作权人的同意依据合同中的许可转让条款进行使用。所以在将学位论文用于出版社出版或者给各大商业类数据库使用时也要经过作者本人的同意。另外学位论文使用授权书中的相关规定为格式条款。《合同法》关于格式条款有这样的规定，当有关事项在合同中没有约定或者约定不明或者有多种解释时，按照规定应作出对提供格式条款方不利的解释。所以在转授权条款含混不清的情况下，按照《合同法》的规定应该向作者方向倾斜。显然在转授权条款的规定方面学校有两种途径。第一种就是在学位论文使用授权书，之中明确转授权条款。学位论文的作者在创作完成后提交论文并签署学位论文使用授权书，之后学位论文的部分权利转移至学校，含混不清的转授权条款使作者的权利难以得到维护，所以转授权条款显得尤为重要。根据《著作权法》规定这里的转授权条款要包括是否许可学校对第三方的授权、对第三方授权是否有限制，以及对于第三方用途是否有限制，以保证作者的知情权。对于转授权后的使用方式及其期限和范围都应明确列举。除此之外，转授权条款中还可以为作者提供选择条款对应转授权的期限、范围和用途。当授权用作商业用途时，对于作者的报酬问题也应作出规定，以更好地保障作者的权利。第二种，学校仅仅是一个桥梁的作用，相当于中介或版权代理，通过相关约定为作者提供途径与学位论文的开发机构签订授权使用合同。现在许多主流高校都是在学位论文使用授权书中通过约定为学位论文开发机构和作者提供途径,促进学位论文的开发与利用。比如北京大学、复旦大学、清华大学。①

经过查阅分析,笔者发现,一方面,大部分高校对于毕业论文版权的规定都过于简略,只罗列了权利的种类,对于权利的内容极少涉及。另一方面,基本上都将发表权、复制权授予所在高校,甚至有些还将汇编权等权利授予所在高校。具体来看,学位论文使用授权书中常有这样的表述:本人授权某某学校可以将本学位论文的全部或部分内容编入有关数据库进行检索。这一表述既没有规定转授权的方式、范围和期限,也没有关于报酬的相关约定,与《著作权法》中的转授权条款的规定相差甚远。

含混不清的转授权规定过度扩大了学校的权利,转授权的方式、期限、范围以及报酬支付条款和违约责任条款的缺失,都给学位论文版权的保护埋下了巨大的隐患。

三、欧美高校学位论文版权政策调研

通过对欧美十几所高校的学位论文版权政策的调研,现将欧美学位论文的版权政策归纳为以下几个方面。

(一)版权归属

作品在完成后自动取得版权,这是当今世界范围内普遍认可的,

① 吴蜀红:《学位论文版权使用授权声明的失当与规范》,《大学图书馆学报》2009年第4期。

即自动保护原则。在美国，根据学位论文政策的规定，一般情况下会明示学位论文版权属于学生。如约翰斯·霍普金斯大学在学位论文使用授权书中注明："学位论文的知识产权属于学生。"这点与中国部分高校规定学校为著作权人形成鲜明对比。英国剑桥大学的授权书中表述为："根据英国1988年《版权、设计与专利法》规定，作者是学位论文及摘要的版权人，除非作者将版权转让给他人，否则作者保留论文的版权。"其中不仅明确学位论文的知识产权归属于学生，而且还将依据罗列出来。当然也不是所有欧美高校的学位论文版权归属都是明确规定属于作者，也有对作者的版权加以限制的情形。比如麻省理工学院规定学生的学位论文创作的基础是基于学校的津贴或者资助，以及完成论文所进行的实验全部或者部分依赖于学校的器械设备，因此，学位论文的知识产权由学校所有，其他情况下，知识产权由学生享有。① 这与中国部分高校对于知识产权的限制相似，原理也是将此类依赖于学校基础设施完成的论文类比为职务作品进而限制作者的权利。

（二）许可高校利用的规定

在欧美高校的版权政策中，高校要求学生签署授权条款，允许授予学位的高校在一定范围内利用学位论文。在这部分中，高校通过明确的转授权规定获得学生的授权避免了著作权侵权的问题。与国内相比，欧美高校在许可使用方面的规定相对完善，许可的内容、时间、范围和方式有相对明确的规定且充分尊重学生权利。剑桥大学

① 陈传夫、吴钢、唐琼：《欧美高校学位论文开发利用版权政策调研及启示》，《学位与研究生教育》2008年第12期。

的授权协议规定:学生本人除按照规定提交论文外还要将完成的学位论文提交一份给所在高校的图书馆,方便查阅和利用。有需要的用户可以通过图书馆查阅、复制论文进行使用。① 杜克大学则在学位论文使用授权书中规定:学生授权学校享有学位论文的非独占使用许可,学校可以通过电子格式在万维网上复制和传播论文。为了保存或继续传播目的,在不改变内容的前提下,学校有权将论文迁移或转换到任何新的媒介或格式上。现代社会中,网络与生活联系十分密切,通过网络获取信息已经是最常见的方式,所以在欧美学位论文的版权政策中,还有一个特点就是规定了学位论文的网络服务,高校在学位论文授权书中明确规定要求作者授权学校开展论文的网络服务工作。不过为了更好地平衡作者本人的权利和学位论文的推广、利用,授权学位论文服务的方式、期限、范围等被划分了不同的档次供作者选择。这一方面促进了对学位论文的推广,另一方面也是对作者版权尊重的表现。比如弗吉尼亚理工学院的学位论文版权政策中关于学位论文服务的时间、范围等有这几种选择:1.立即在世界范围公开提供服务。2.学生选择学位论文在一年/两年/三年时间内仅对弗吉尼亚理工学院学生公开,在该时间段后可供全世界获取,超过三年的请求需要通过书面申请说明延迟原因并取得研究生院同意。3.仅向弗吉尼亚理工学院学生公开,同时仅对作品部分内容提供世界范围的获取(如可能涉及出版原因);作者可以选择公开的形式,包括文摘和关键目录数据、部分文档公开。4.因专利申请或财产权可能被侵害的原因在一年之内禁止论文的获取(包括弗吉尼亚理工学

① 姚蓉、方怡:《试论博硕士论文资源建设中的知识产权问题》,《现代情报》2010年第7期。

院)；在该段时间内，作者同意在未获得弗吉尼亚理工学院许可的情况下，不行使其所有权(包括对作品的公共利用)；在一年时间即将届满时，可以应作者请求，延长一年保护期；在保护期过后，作品会按照选项1进行处理(除非接到2、3的请求)。① 宾夕法尼亚州立大学学位论文许可协议中提供的选择包括：1.在全世界范围内获取(开放存取)；2.基于图书出版的考虑，仅供宾夕法尼亚州立大学校园用户获取，这种选择时间是两年，两年后论文自动转为开放存取；3.在专利申请或财产权可能被侵害的情况下，除文摘外禁止获取学位论文，这种选择时间也是两年，两年后论文自动转为开放存取。欧美高校虽然同意作者在说明原因的情况下可以在一定范围内限制论文获取，但一般要求在一定时间后向公众开放利用。如匹兹堡大学研究生如果对学位论文网络发布选择“在五年时间内仅供匹兹堡大学获取(馆际互借除外)”时，需要说明限制的原因，五年后论文可被全世界共享；如选择“为专利目的在一年时间内禁止对论文的公开”时，作者需填写“因专利目的请求学位论文一年保密期”表格，解释论文中可被授予专利的内容。②

(三)转授权规定

欧美大多数高校为了促进学位论文的利用和传播，发挥学位论文的价值，要求学生与资讯出版公司(University Microfilms International，简称UMI)签订非专有使用的合同。UMI会提供详细的出版

---

① Virginia Tech Graduate School Electronic Theses and Disser-tation.2008(5).

② 陈传夫、吴钢、唐琼：《欧美高校学位论文开发利用版权政策调研及启示》，《学位与研究生教育》2008年第12期。

协议,相当于学校作为中介将 UMI 与学生联系起来,促进学生与 UMI 的合作,方便 UMI 统一学位论文的管理。所以按照规定,毕业的学生的学位论文,UMI 都获得了其出版权,学生在签署协议时也明确知道这一点。UMI 的格式条款协议内容详细,是明确权利义务的依据也是学生维护版权的依据。加州理工学院规定所有博士论文都要由 UMI 制作成缩微胶片。学生必须和 UMI 签订协议,并同学位论文最终版本一起提交。①芝加哥大学规定博士学位申请者必须授权 UMI 复制和传播学位论文,作者保留论文的版权以及在其他地方出版论文的权利。② 通过这样的转授权方式,学校作为中介使学生与学位论文开发机构签署合同,学位论文开发机构便直接获得作者的转授权。一方面学校保持中立角色不过多地干预转授权工作,做好版权转授权的中间人;另一方面学位论文开发机构不断地完善转授权协议,统一开发论文,这对于论文的推广有很大的推进作用。UMI 的学位论文开发工作不断完善,据统计,目前有上千所高校都通过这种转授权方式向 UMI 提供毕业生的学位论文,其中超过七成来自美国。美国几乎所有的博士毕业论文都提交给 UMI。③ 英国也有类似的规定,不过对应单位不同罢了,英国目前有上百所高校与英国图书馆文献中心(BLDSC)合作,进行学位论文的开发和服务工作。申请者与 BLDSC 签署协议,其中明确要求学生提供学位论文且允许图书馆保存并上传至数据库,并授权图书馆学位论文的复制权以更好地利用学位

---

① 陈传夫、吴钢、唐琼:《欧美高校学位论文开发利用版权政策调研及启示》,《学位与研究生教育》2008 年第 12 期。

② Virginia Tech Graduate School Electronic Theses and Disser-tation.2008(5).

③ 鞠邦男、张旭:《商业学位论文数据库数据收集策略探讨》,《情报探索》2011 年第 5 期。

论文。加拿大也有类似的规定,加拿大的档案馆和图书馆(LAC)设立了一个名为“论文加拿大”(Theses Canada)的项目。目前有近百所高校参与,此项目原则上根据作者在提交毕业论文时自愿选择是否将学位论文提交 LAC 并授权提供服务,也是通过学校牵头与作者签订协议规定相应的权利和义务,但也有一些高校规定学生在提交学位论文时必须同意将论文提交至 LAC。

(四)费用与报酬支付

关于报酬的支付,这里要介绍的是欧美高校数据库的特点。在欧美的高校中往往会出于公益目的自行建立数据库,用户也可以进行免费试用。在高校自建的数据库中收录毕业论文基本上都是在学位论文使用授权书中说明:自建数据库免费使用学位论文,不支付版权费用。而向 UMI 提供论文则不同,UMI 为美国高校的学生提供出版服务时需要学生支付加工出版的相关费用,根据规定博士收取 55 美元,硕士收取 45 美元,有部分高校也会为学生补贴部分出版费用。而有些开发机构将学位论文用于商业运营以获得盈利,这种商业开发机构要按照著作权法向作者支付报酬。[①] 这里我们可以看到学位论文的报酬支付分为两种,一种是公益性使用即免费使用,这无可非议。另一种是商业性使用,则需要按照规定向作者支付费用。将公益性使用和商业性使用清楚地区分开来,对于保护作者的著作权有重要的意义。

---

① 陈传夫、吴钢、唐琼:《欧美高校学位论文开发利用版权政策调研及启示》,《学位与研究生教育》2008 年第 12 期。

四、学位论文使用授权书的规范

我国的学位论文使用授权书版权归属不明确、授权内容不清晰等问题为学位论文的侵权纠纷埋下了隐患。针对学位论文使用授权书中存在的种种问题,通过分析和借鉴欧美高校关于学位论文使用授权书的做法,笔者提出以下几点想法。

(一)明确规定版权归属作者

由于目前并无相关法条明确规定学位论文版权的归属,部分学校坚持在授权书中声明学位论文版权全部归属学校值得商榷。前文对此类声明已经作出了分析。版权理应归属作者本人,也有规定利用了学校的条件创作的论文版权应属于学校的。因此,建议尽快完善《高等学校知识产权保护管理规定》,明确一般情况下论文的版权归属学生,并且尽可能地列举出论文归属中的特殊情况,以切实保障著作权人的权利,减少不必要的纠纷。各高校也应该清楚地认识到学位论文的版权属于作者,对学位论文使用授权书中关于版权归属的不当规定作出修改。

另一方面,高校学位论文使用授权书中的问题明显,但是高校毕业生在签署学位论文使用授权书时并没有提出异议,甚至有些根本不知道授权书规定了什么,以及将要对自己的权益产生什么样的影响。最重要的是高校必须充分尊重毕业生的版权利益,以平等的姿态修改、完善授权书,使学位论文实现良性开发和使用。

（二）完善许可利用条款

我国高校学位论文使用授权书中模糊的许可利用条款在很大程度上忽视了作者的权益，完善许可条款必须在学位论文的利用和作者权益之间找到平衡，不能一味地挤压作者的权利。完善许可利用条款要根据许可利用合同的规定完善必备条款。许可使用合同应当包含：1.许可使用的权利种类；2.许可使用的权利是否为专有权；3.许可使用的地域范围、期限；4.付酬标准和办法；5.违约责任；6.双方认为需要约定的其他内容。高校应按照以上内容将学位论文使用授权书中的许可利用条款补充完整，并且借鉴欧美高校的经验，对许可的内容、范围、期限等作出详细的规定，明确作者权益，在协议中为作者提供多项选择。

（三）明确转授权条款

目前有两种转授权方式，一种是直接在学位论文使用授权书中规定转授权内容，要求转授权的内容清晰、完整，对于学校也要有许多限制。另一种是学校作为中介，将学生与学位论文开发机构联系起来，促进学生直接与学位论文开发机构签订转授权协议。[①]

通过上文调查，可以看到欧美国家的高校基本是采取第二种方法，高校保持中立的立场，作为中间人协调学生与学位论文开发机构签订协议。这种做法有利于学位论文的统一管理，也有利于促进学位论文的开发和利用。学校作为中间人可以避免过多干涉学生的著

---

① 吴蜀红：《学位论文版权使用授权声明的失当与规范》，《大学图书馆学报》2009 年第 4 期。

作权。这一模式在欧美已经相当成熟,值得我们借鉴和思考。

另外在转授权内容方面,建议我国高校完善转授权内容,对于转授权的权利类型作出清晰明确的规定。转授权的权利内容不仅应当包含发表权、发行权、汇编权,还要包含信息网络传播权。笔者认为,学位论文的转授权条款可以参照一些期刊社的做法,事先声明版权授权使用或转让政策。

(四)补充重要条款

我国的使用授权书中规定报酬支付以及违约责任的条款少有提及,而这些条款显然是学位论文使用授权书中必不可少的条款。通过欧美的学位论文版权政策可以看到欧美高校都提及了论文的报酬支付,关于报酬支付的相关规定也相对成熟和规范。比如根据学位论文的使用下载或者出售次数计算利用的效率和价值,按照规定的比例为学生支付报酬,而不是一次性地支付等额报酬。[①] 借鉴欧美关于学位论文的付酬模式和标准有很重要的意义,一方面可完善学位论文版权的管理,另一方面可保障作者的权利,有利于学位论文的开发利用。

五、结语

综上所述,国内外在学位论文的版权保护方面,主要是通过学校与学生签订版权授权书的形式来实现的,几乎都涉及汇编电子产品

① 陈传夫、吴钢、唐琼:《欧美高校学位论文开发利用版权政策调研及启示》,《学位与研究生教育》2008 年第 12 期。

的传播方式。学位论文使用授权书形式比较简单,但涉及的人员与作品数量巨大。改进的措施即通过完善学位论文使用授权书的方式,落实主要靠学校和学生对学位论文版权尤其是网络传播权认识的提高,以保障学校和学生的权益,并促进学位论文的开发利用。

参考文献

[1]高等学校知识产权保护管理规定(EB/OL).

[2]清华大学研究生学位论文著作权管理规定(EB/OL).

[3]复旦大学研究生学位论文著作权管理暂行规定(EB/OL).

[4]西安交通大学关于保存、使用本校学位论文的管理办法(EB/OL).

[5]大连理工大学关于“硕士、博士研究生签署学位论文版权使用授权书”的规定(EB/OL).

[6]杨立新. 民商法判解研究:第三辑[M].长春:吉林人民出版社,1999.

[7]University of Pittsburgh. Electronic Theses and Dissertation(ETD) Approval Form,2008(5).

[8]牛振恒,刘志燕.中国国家博硕士学位论文数据库建设初探[J].大学图书情报学刊,2017(5).

[9]刘扬.国外学位论文利用模式及启示[J].情报资料工作,2016(1).

[10]王秀青.图书馆学位论文开发利用中的版权问题与对策[J].内

蒙古科技与经济,2009(21).

[11]韦楠华.高校学位论文版权许可协议的反思与重构[J].图书馆建设,2012(4).

[12]龚亦农.我国博硕士学位论文文献保障机制探析[J].图书馆建设,2010(7).

[13]熊咏梅,程结晶.学位论文著作权集体管理模式分析[J].图书情报工作,2010(11).

[14]陆浩东,章洁.高校图书馆知识共享的风险防范[J].大学图书情报学刊. 2010(1).

[15]陈传夫,唐琼,吴钢.国际学位论文开发机构版权解决模式及其借鉴[J].大学图书馆学报.2009(2).

[16] 张学福,孟连生.论国家博硕士学位论文数字资源保障体系建设[J].中国图书馆学报,2005(5).

[17]李睿.高校数字图书馆对其学位论文库应尽的知识产权义务和应享有的知识产权权利[J].现代情报,2007(8).

[18]耿正萍.数字图书馆中知识产权的合理利用的探讨[J].大学图书情报学刊,2006(2).